Umsatzsteuergesetz

in der Fassung vom 8. Mai 1926

mit den Durchführungsbestimmungen und den Ausführungsbestimmungen vom 25. Juni 1926

mit den Ergebnissen der Rechtsprechung des Reichsfinanzhofs

Von

Dr. R. Kloß

Senatspräsidenten am Reichsfinanzhof,
Sächs. Geheimen Rat

2. Auflage

1926

München, Berlin und Leipzig

J. Schweitzer Verlag (Arthur Sellier)

Vorwort zur ersten Auflage.

Zu den vorhandenen, zum teil ganz hervorragenden Kommentaren des Umsatzsteuergesetzes noch einen weiteren zu schreiben, erscheint nicht unmöglich. Es wäre auch nicht unmöglich, in einem solchen neuen Erläuterungsbuche hier und da einen neuen Gedanken auszuführen, der bisher noch nicht zur Sprache gebracht oder doch nur ganz flüchtig gestreift worden ist. Ein Bedürfnis nach einer solchen Bearbeitung besteht indessen nicht, sie würde nur eine unwirtschaftliche Belastung des Büchermarktes bedeuten. Wohl aber wünschen Steuerpflichtige und Steuerbehörden zu erfahren, welche maßgebende Auslegung die zum teil recht zweifelhaften Vorschriften des Gesetzes in der Rechtsprechung des Reichsfinanzhofes als des obersten Reichssteuergerichts gefunden haben, um danach die Geschäftsgebarung und die Veranlagung einzurichten. Unter diesem Gesichtspunkt habe ich geglaubt, dem begreiflichen Wunsche des Verlages, der in seiner bewährten Sammlung erläuterter Gesetzesausgaben ein so wichtiges Gesetz wie das Umsatzsteuergesetz nicht missen will, Rechnung tragen zu sollen. Unter diesem Gesichtspunkt bitte ich das vorliegende Werk würdigen zu wollen.

München, am 10. April 1922.

Dr. R. Kloß.

Vorwort zur zweiten Auflage.

Die neue Auflage bringt Gesetzestext und Wiedergabe der Rechtsprechung nach dem jetzigen Stand. Letztere schließt ab mit Bd. 18 der amtlichen Sammlung der Entscheidungen und Gutachten des Reichsfinanzhofs und mit den Juniheften der Fachzeitschriften des Jahres 1926. Da beim Umsatzsteuergesetz in erheblich größerem Umfange als bei den sonstigen Steuergesetzen Reichsrat und Reichsfinanzministerium in der Lage sind, durch Verordnungen das Gesetz nicht nur zu ergänzen, sondern sogar abzuändern, mußten die Durchführungsbestimmungen, die solche materiell-rechtliche Anordnungen enthalten, dem Gesetzestext angefügt werden. Auch erschien es zweckmäßig, die Ausführungsbestimmungen anzufügen unter Weglassung der Muster, die in der Hauptsache nur die Finanzämter berühren.

München, im Juli 1926.

Dr. R. Kloß.

Inhaltsverzeichnis.

Abkürzungen.

AStR. = Allgemeine Steuerrundschau.
DJZ. = Deutsche Juristenzeitung.
DStBl. = Deutsches Steuerblatt.
DStZ. = Deutsche Steuerzeitung.
G. = Gutachten des Reichsfinanzhofs.
JW. = Juristische Wochenschrift.
NStR. = Neue Steuerrundschau.
n. v. = nicht veröffentlicht.
RGBl. = Reichsgesetzblatt.
RGSt. = Entsch. des Reichsgerichts in Strafsachen.
RStBl. = Reichssteuerblatt.
S. = Sammlung der Entscheidungen und Gutachten des Reichsfinanzhofs.
StA. = Steuerarchiv.
StW. = Steuer und Wirtschaft.
StZdL. = Die Steuerzeitung der Landwirtschaft.
U. = Urteil (ohne weiteren Zusatz) = Urteil des Reichsfinanzhofs.
ZStFr. = Zeitgemäße Steuerfragen.

I.

Umsatzsteuergesetz

in der Fassung der Bek. vom 8. Mai 1926 (RGBl. I S. 218).

§ 1 [§ 1].*)

Der Umsatzsteuer unterliegen:

1. Lieferungen und sonstige Leistungen, die jemand innerhalb der von ihm selbständig ausgeübten gewerblichen oder beruflichen Tätigkeit im Inland gegen Entgelt ausführt. Als gewerbliche Tätigkeit gelten für dieses Gesetz auch die Urerzeugung und der Handel. Die Steuerpflicht wird weder dadurch ausgeschlossen, daß die Absicht, Gewinn zu erzielen, fehlt, oder ein Verein, eine Gesellschaft oder eine Genossenschaft, die nur an die eigenen Mitglieder liefern, die Tätigkeit ausüben, noch dadurch, daß die Leistung auf Grund gesetzlicher oder behördlicher Anordnung bewirkt wird oder kraft gesetzlicher Vorschrift als bewirkt gilt;
2. Entnahmen von Gegenständen aus dem eigenen Betrieb, um sie zu Zwecken, die außerhalb der gewerblichen oder beruflichen Tätigkeit liegen, zu gebrauchen oder verbrauchen;
3. Lieferungen auf Grund einer Versteigerung, auch wenn der Auftraggeber keine gewerbliche oder berufliche Tätigkeit ausübt, es sei denn, daß die Versteigerung im Wege der Zwangsvollstreckung oder unter Miterben zur Teilung eines Nachlasses erfolgt oder Grundstücke und Berechtigungen betrifft, auf welche die Vorschriften des bürgerlichen Rechtes über Grundstücke Anwendung finden.

---

*) In den eckigen Klammern sind die bisherigen Paragraphennummern aufgeführt.

Vgl. DurchfBest. § 1. (Hausgewerbetreibende.)

I. Allgemeines.

1. Die Umsatzsteuer ist eine indirekte Steuer; PrOVG. 20. Okt. 22 VII C 117/22 ZStFr. II 1923, 25. Dies gilt sowohl für das deutsche Recht bei Zugrundelegung jeder der drei verschiedenen für die Abgrenzung der direkten und der indirekten Steuern aufgestellten Begriffsbestimmungen, als auch für die ausländische Finanzwissenschaft, insbesondere für die am Rheinlandabkommen beteiligten Mächte, G. vom 2. Juli 24 V D 2/24 S. 14, 73. Die Steuer lastet auf dem einzelnen Umsatz; sie entsteht mit diesem Umsatz (U. v. 26. April 22 I A 46/22 RStBl. 192, 281; auch RGSt. v. 10. Juli 24 E 58, 267 u. RGSt. v. 10. Juli 24 III 563/24 E 58, 268).

II. Leistungen.

2. Verhältnis zum Bürgerlichen Recht.

a) Was als Lieferung oder sonstige Leistung im Sinne von § 1 Nr. 1 anzusehen ist und wer hiernach als Lieferer oder Leistender zu gelten hat, ist nach den Grundsätzen des Rechtsverkehrs, nicht des wirtschaftlichen Verkehrs zu entscheiden. Mit dieser Begründung hat der RFH. bei einem Winzerverein, der die Erzeugnisse seiner Genossen diesen abkaufte, abnahm und dann weiterlieferte, je einen Umsatz zwischen den Winzern und dem Verein sowie zwischen dem Verein und den Abnehmern angenommen, während die Beteiligten nur einen einzigen Umsatz und zwar zwischen den Winzern und den Abnehmern für vorliegend erachteten (U. v. 16. April 20 II A 65/20 S. 2, 275).

Trotz jenes Ausspruches ist die im Laufe der Zeit steigende Neigung des RFH. nicht zu verkennen, sich bei Auslegung des UStG. von den Fesseln des bürgerlichen Rechts frei zu machen, wo die wirtschaftlichen Bedürfnisse und der Zweck des Gesetzes es erfordern. Jener Grundsatz, der für das UStG. 1918 ausgesprochen ist, bindet ja auch den RFH. nicht bei der Auslegung des späteren Gesetzes.

b) Demgemäß hat sich der RFH. nicht für behindert erachtet, die von tumultierenden Arbeitern unter Führung von Arbeiterkontrolleuren mit Plünderungsandrohung erzwungene Abgabe von Bedarfsartikeln zum halben Preise für umsatzsteuerfrei zu erklären, weil darin keine Leistung sondern ein Vorgang zu erblicken sei, der physischem Zwang gleichstehe; den dem § 123 BGB. zugrunde liegenden Gedankengang, daß auch eine durch widerrechtliche Drohung ausgelöste Rechtshandlung gültig ist, wenn sie nicht mit Erfolg angefochten wird, hat der RFH. in diesem Falle abgelehnt (U. v. 11. Okt. 21 V A 59/21 S. 7, 82).

Gewaltsame Wegnahme bedeutet demnach keine Leistung des Betroffenen; G. v. 21. April 25 V D 4/25 S. 16, 136 (Ruhreinbruchsschäden): sonst hindert Zwang die Umsatzsteuerpflichtigkeit nicht. Ein Hotelbetrieb, dessen Räume von der Besatzungsbehörde beschlagnahmt und zu Bürozwecken verwendet werden, ist mit der ihm auf Grund des Gesetzes vom 2. März 1919 vom Reiche gewährten Entschädigung nach Maßgabe des § 1 UStG. umsatzsteuerpflichtig; U. vom 12. Okt. 23 V A 115/22 RStBl. 1923,

431; ebenso ein Beamter, der, um der Zwangsmiete zu entgehen, ein Zimmer vermietet; U. v. 30. Juni 22 V A 1/22 n. v. Aus demselben Grunde sind die Vergütungen, die das Reich aus Anlaß des Ruhreinfalls den beteiligten Unternehmungen gewährt hat, insoweit umsatzsteuerpflichtig, als sie das Entgelt für die von ihnen aus den sogenannten Micum-Verträgen geleisteten Lieferungen von Brennstoffen und Nebenprodukten darstellen; G. v. 21. April 25 V D 4/25 S. 16, 136; U. v. 14. Dez. 25 V A 310/25 S. 18, 67.

c) Andererseits steht der Erhebung der Umsatzsteuer der Umstand nicht entgegen, daß das Lieferungsgeschäft wegen Betrugs angefochten wird oder anfechtbar ist, solange nicht die Leistung und das Entgelt zurückgewährt werden (U. v. 22. Nov. 21 V A 212/21 n. v.).

d) Auch die Unsittlichkeit oder Gesetzwidrigkeit eines Umsatzgeschäftes steht der Besteuerung der bewirkten Umsätze nicht entgegen; U. v. 24. Jan. 22 V A 101/21 S. 8, 140 (Vermietung von Zimmern in Bordellen); U. v. 28. April 22 V A 251/22 n. v. (Schmuggelware); 5. Juli 1922 VI a A 14/22 RStBl. 1922, 236. Vgl. unten Anm. 21 a.

e) Wegen sonstiger Abweichungen von Grundsätzen des bürgerlichen Rechts vgl. zu §§ 5 und 6 (Lieferung), § 7 (Besitzlehre, Recht des Kommissionärs), zu § 10 (Rechtsfähigkeit).

3. a) Zum Begriff der Leistung gehört, daß sie einem anderen gegenüber vorgenommen wird. Es müssen sich also zwei steuerliche Rechtspersönlichkeiten gegenüberstehen; vgl. darüber zu § 10.

b) Daher liegen zwischen mehreren Betrieben eines Einzelkaufmanns auch dann keine steuerpflichtigen Umsätze vor, wenn die einzelnen Betriebe unter verschiedenen Firmenbezeichnungen geführt werden. U. v. 18. Jan. 24 V A 396/23 S. 13, 252. Ebensowenig unter den als Angestellte desselben Unternehmens anzusehenden Einzelunternehmen; vgl. Anm. 35.

Ebenso kein Umsatz zwischen einer reinen Innengesellschaft und ihren Gesellschaftern, wohl aber zwischen den Gesellschaftern selbst (unten c). Bei einer sogenannten Metaverbindung zweier Unternehmer zum gewinnbringenden Ein- und Verkauf von Waren auf gemeinsame Rechnung kommt ein steuerpflichtiger Umsatz der Waren zwischen der Gesellschaft des bürgerlichen Rechtes und dem Verkäufer (Metisten) nicht in Frage, wenn die Gesellschaft ausschließlich als obligatorisches Abrechnungsverhältnis der Gesellschafter in ihren Geschäftsbüchern erscheint. U. v. 22. Febr. 24 V A 383/23 S. 13, 290.

Wohl aber ist der Umsatz einer offenen Handelsgesellschaft mit ihren einzelnen Gesellschaftern nach dem vollen Entgelt umsatzsteuerpflichtig, weil jene für die Umsatzsteuer rechtsfähig ist; § 80 RAbgO. findet nicht Anwendung; U. v. 5. Mai 22 V A 218/21 S. 10, 101. Ebenso sind steuerpflichtige Umsätze möglich zwischen zwei offenen Handelsgesellschaften, an denen dieselben Gesellschafter im gleichen Verhältnisse beteiligt sind. Denn wer zwischen sich und den Verkehr eine selbständige Rechtsperson einschiebt, die er mit Vermögen ausstattet, oder wer das Weiterbestehen einer solchen von ihm losgelösten Rechtsperson zuläßt, muß grundsätzlich die aus dieser Organisation entspringenden nachteiligen steuerlichen Folgen tragen, wie ihm auch deren etwaige steuerliche

Vorteile zugute kommen (U. v. 10. Nov. 21 V A 12/21 S. 7, 207). Im übrigen vgl. Anm. 10.

c) Die Grundsätze, die zur Annahme der Angestellteneigenschaft juristischer Personen geführt haben, führen nicht dazu, bei Gesellschaften, die auf dem Boden der Gleichberechtigung, ohne einer Muttergesellschaft untergeordnet zu sein, zu Interessengemeinschaften zusammengeschlossen sind, deren gegenseitige Belieferung als umsatzsteuerfrei anzusehen; der RFH. hält vielmehr an der Selbständigkeit derartig miteinander verbundener Gesellschaften und an der Umsatzsteuerpflicht ihres Leistungsaustausches fest; U. v. 9. Dez. 24 V A 47/24 S. 15, 136. Insbesondere kann die Gesellschaft des bürgerlichen Rechts, zu der die an der Interessengemeinschaft zusammengeschlossenen Unternehmen vereinigt sind, nicht selbst als Unternehmer angesehen werden. U. v. 14. Dez. 25 V A 112 u. 185/25 S. 18, 75.

Über die Verkaufsstellen einer Interessengemeinschaft vgl. Anm. 34 g.

3 a. Macht jemand Aufwendungen zur Vorbereitung der an einen anderen künftig zu bewirkenden Leistung, indem er Maschinen und Rohstoffe anschafft, um damit die vom anderen bestellte Ware herzustellen, so liegt in jenen Maßnahmen noch keine Leistung an den andern; wird der Lieferungsvertrag mit dem anderen gegen Abfindung aufgehoben, so kann die Abfindung demnach nicht als Entgelt für eine Leistung angesehen werden (U. v. 28. Dez. 20 II A 319/20 S. 4, 231).

4. Handeln im eigenen Namen.

a) Bedeutung des § 164 BGB. für die Umsatzsteuerpflicht. U. v. 31. März 22 V A 4/21 RStBl. 1922, 183.

b) Bei der mittelbaren Stellvertretung liegt außer im Falle des Kommissionsgeschäftes im Sinne des HGB. nur ein Umsatz zwischen dem Vertreter und dem Dritten vor. U. v. 18. Okt. 22 VI a A 4/22 S. 10, 351.

c) Versteigert eine Genossenschaft für Rechnung ihrer Mitglieder die von ihnen gewonnenen Felle und Häute von Schlachttieren, so ist die Versteigerung auch dann als im Namen der Mitglieder erfolgt anzusehen, wenn die Genossenschaft die Felle und Häute nur numeriert, die Nummern aber laufend in ein Lagerbuch auf den Namen der Einlieferer einträgt und dieses Verfahren den Erstehern bekannt gibt. Es ist daher nur einmal Umsatzsteuer, und zwar von der versteigernden Genossenschaft, zu entrichten. U. v. 3. Juli 22 V A 348/22 (n. v.). Umsatzsteuer bei Viehumsätzen durch eine Absatzgenossenschaft, die erkennbar namens der Genossen kauft: U. v. 23. Okt. 25 V A 203/25 StZbL. 1925, 257.

5. Die Leistungen können auch in Unterlassungen bestehen. Unterlassungen, die auf Grund gesetzlicher oder behördlicher Anordnungen gegen Entgelt bewirkt werden, stehen für das Umsatzsteuerrecht vertraglich bedungenen Unterlassungen gleich. Daher sind die von der Reichsmonopolverwaltung auf Grund von § 214 des Ges. vom 26. Juli 1918 gezahlten Entschädigungsraten für die Einschränkung eines Brennereibetriebs umsatzsteuerpflichtig; U. v. 23. Febr. 23 V A 3/23 StA. 1923, 114. Vgl. ferner U. v. 2. Febr. 23 V A 16/22 (Lizenzvertrag); U. v. 16. April 26 V A 156/26 (Abtretung der Beteiligungsziffer am Kalisyndikat gegen eine jährliche Gewinnbeteiligung).

6. Aufhebender Vertrag.

a) In dem U. v. 28. Dez. 20 II A 319/20 S. 4, 231 ist ausgesprochen, daß keine Leistung, sondern das Gegenteil davon, die Abstandnahme von einer Leistung, vorliegt, wenn jemand gegen Entgelt in Aufhebung eines gegenseitigen Vertrages willigt und auf dessen Erfüllung verzichtet.

b) Ebensowenig ist eine Leistung anzunehmen, wenn infolge der Aufhebung des Vertrags der Leistungsgegenstand gegen Rückgewähr des Entgelts zurückgegeben wird (U. v. 26. April 21 II A 116/21 S. 5, 233).

c) Anders ist die Sachlage zu beurteilen, wenn der nachmals aufgehobene Vertrag zum Teil erfüllt ist und insoweit eine Gegenleistung gewährt wird (U. v. 17. Dez. 19 II A 292/19 S. 2, 67).

Insbesondere unterliegt das bei Vertragsaufhebung vom Leistungsberechtigten für die Überlassung der beschafften Rohmaterialien an den Leistungsverpflichteten entrichtete Entgelt der Umsatzsteuer. U. v. 4. Juli 22 V A 308/22 S. 10, 128.

d) Eine wegen Beschlagnahme durch die Besatzungsbehörde gezahlte Entschädigung für die Einstellung des Betriebs eines Lichtspieltheaters ist nicht umsatzsteuerpflichtig. U. v. 10. Nov. 21 V A 201/21 S. 7, 306. Vgl. Anm. 8 e.

7. Leistungen besonderer Art.

a) Umsatz von Grundstücken: U. v. 3. März 20 II A 28/20 S. 2, 176; G. v. 17. Dez. 20 II D 9/20 S. 4, 92; U. v. 3. Dez. 20 II A 357/20 RStBl. 1921, 56; U. v. 24. Dez. 20 II A 238/20 RStBl. 1920, 585; U. v. 8. April 21 II A 387/20 S. 5, 241; U. v. 24. Juni 25 V A 143/25 DStZ. 1925, 750.

Allmählich erfolgender Verkauf einzelner baureif gewordener Parzellen ererbten Grundbesitzes als umsatzsteuerpflichtige Lieferungen. U. v. 31. Jan. 22 V A 180/21 StuW. 1922, 389.

Nachhaltige Tätigkeit beim Verkauf von Grundstücken. U. v. 18. Jan. 22 V A 61/21 RStBl. 1922, 125.

Die Veräußerung von Grundbesitz durch eine Grundstücksgesellschaft ist als gewerbliche Tätigkeit im Sinne des § 1 anzusehen, gleichgültig, ob der Grundbesitz in einzelnen Teilen (Parzellen) oder ungeteilt im ganzen abgegeben wird. Begriff der Veräußerung des Geschäfts im ganzen. U. v. 20. Mai 22 V A 11/22 RStBl. 1922, 236. Vgl. auch Anm. 22 b und c.

b) Eine Leistung liegt auch in der vertraglich zugesagten Bereitwilligkeit, im Interesse eines andern tätig zu werden, selbst wenn die in Aussicht genommenen Umstände nicht eintreten und infolgedessen eine Tätigkeit nicht entfaltet wird; so für den Vertreter einer englischen Importfirma, der nötigenfalls in deren Interesse in Deutschland eingreifen sollte und dafür eine regelmäßige Provision bezog, ohne daß bisher ein Fall seines Eingreifens notwendig war (U. v. 10. Nov. 21 V A 102/21 S. 7, 273).

c) Lieferungen; vgl. §§ 5 und 6.

d) Abgabe elektrischen Stromes; vgl. zu §§ 5 und 7.

e) Dienstleistungen fallen unter § 1 Nr. 1, so die Tätigkeit eines Bücherrevisors (U. v. 12. Dez. 24 V A 71/24 RStBl. 1925, 85), die Tätigkeit der Großvertriebsstellen der Reichsbranntweinmonopolverwaltung als Agenten (U. v. 19. Febr. 26 V A 148/25 RStBl. 1926, 150). Über Handelsagenten vgl. zu § 3 Anm. 22.

III. Leistungen gegen Entgelt.

8. a) Für den Begriff der gegen Entgelt ausgeführten Leistung ist nicht wesentlich, daß ein gegenseitiges Vertragsverhältnis vorliegt. Auch bei der Auslobung ist Umsatzsteuer zu erheben, wenn die Leistung im Hinblick auf die Auslobung vorgenommen wird. Deshalb ist in der Unterhaltung eines Rennstalles zum Zwecke des Gewinnes von Rennpreisen die Ausübung einer gewerblichen Tätigkeit im Sinne von § 1 Nr. 1 erblickt worden (U. v. 15. Nov. 21 V A 202/21 S. 7, 244).

b) Eine Kurtaxe, die in einem Kurorte für die Herstellung und Unterhaltung der zu Kurzwecken getroffenen Veranstaltungen erhoben wird, stellt ein Entgelt für eine gewerbliche Leistung im Sinne des § 1 Nr. 1 dar. Der Umstand, daß die Kurtaxe als staatliche Gebühr oder als örtliche Abgabe bezeichnet wird, ist belanglos. U. v. 29. Febr. 24 V A 399/23 S. 13, 221.

c) Auch in der bloßen Erstattung von Auslagen kann, wenn sonst eine gewerbliche Tätigkeit vorliegt, Entgeltlichkeit gefunden werden; U. v. 13. März 25 V A 39/25 (Betriebsführung einer Straßenbahnlinie gegen Ersatz der Unkosten).

d) Fehlen eines Entgelts. Die Viehverkäufe, die ein Altmetzger im Interesse seines Sohnes, dem er seine Metzgerei abgetreten hat, ohne besonderes Entgelt ausübt, sind, auch wenn der Vater sonst noch als Viehaufkäufer tätig ist, umsatzsteuerfrei; U. v. 26. Jan. 23 V A 22/23 S. 11, 295.

Die Feststellung, daß Zahlungen, die das Rote Kreuz an ein Lazarett nach der Kopfzahl der verpflegten Kranken entrichtet, kein Entgelt für die Leistungen des Lazaretts, sondern umsatzsteuerfreie Betriebszuschüsse sein könnten, hat der RFH. von weiteren tatsächlichen Ermittlungen durch die Vorinstanz abhängig gemacht (U. v. 29. April 21 II A 38/21 n. v.).

Ebenso ist verfahren worden bei Beurteilung der Frage, ob ein Bieraufschlag, den eine Brauerei zur Deckung von Mietzinsforderungen Dritter an ihre Bierabnehmer (Schankwirte), ohne besondere Vergütung seitens der Vermieter zu erhalten, von ihren Bierabnehmern erhob, als Entgelt für das gelieferte Bier oder als unentgeltliche Dienstleistung den Vermietern gegenüber anzusehen war (U. v. 15. Okt. 20 II A 192/20 n. v.).

Wegen Fehlens der Entgeltlichkeit ist in der Uebernahme der Verteilung von rationierten Lebensmitteln durch drei Beteiligte, wobei diese nur den vom Verteiler ausgelegten Preis diesem ersetzten, keine gewerbliche Tätigkeit erblickt worden (U. v. 24. Nov. 21 V A 198/21 n. v.).

e) Schadensersatz ist kein Entgelt (G. v. 21. April 25 V D 4/25 S. 16, 136). Vgl. Anm. 6 d.

9. Besondere Arten des Entgelts.

a) Entgelte, die Holzbezugsberechtigte und Holzkäufer an die Staatsforstverwaltung für das Schlagen und Entrinden von Holz zu entrichten haben, sind umsatzsteuerpflichtig, wenn die Forstarbeiter während der Vornahme dieser Arbeiten ausschließlich in einem Arbeitsverhältnis zur Forstverwaltung gestanden haben. G. v. 12. Juli 24 V D 5/24 S. 14, 165.

b) Behandlung einmaliger Baukostenzuschüsse, die Gemeinden an Elektrizitätswerke zu der Herstellung der Anlage zahlen, die die Gemeinde mit Strom versorgen soll, aber zunächst im Eigentum der Werke bleibt. U. v. 30. Nov. 23 V A 525/22 StuW. 1924, 745.

c) „Überteuerungszulage" zur Legung des Rohrnetzes für eine Siedelungsgesellschaft als Entgelt; U. v. 26. Juni 23 V A 455/22 n. v. „Geschenke" als Entgelt für Sympathiebehandlung; U. v. 27. April 23 V A 122/23.

d) Bei Naturalpacht ist der Pächter wegen des in der Nutzung des Grundstücks bestehenden Entgelts umsatzsteuerpflichtig. U. v. 20. Febr. 25 V A 86/24 S. 15, 330.

10. Insbesondere Gesellschaftsleistungen.

a) Leistungen der Gesellschaft.

α) Kein Entgelt ist zu erblicken in Vereinsbeiträgen, soweit sie nicht als Vergütungen für besondere Gegenleistungen des Vereins (vgl. unten *β*) anzusehen sind (U. v. 8. April 20 II A 60/20 S. 2, 228; U. v. 3. Dez. 20 II A 321/20 S. 4, 65; U. v. 23. Mai 22 V A 69/21 StW. 1921 Nr. 1016). Unter demselben Gesichtspunkt ist die Abgabe, die die dem Rheinisch-Westfälischen Kohlensyndikat angeschlossenen Zechen von ihren Betriebsergebnissen an das Syndikat zu entrichten haben, umsatzsteuerfrei gelassen worden (U. v. 5. Nov. 20 II A 257/20 S. 4, 172). Weiter sind umsatzsteuerfrei Vereinsbeiträge, in denen Umlagen erblickt werden, die ein von Fabrikanten zur Förderung des Absatzes ihrer Produkte gegründeter Verein zur Deckung seiner Unkosten erhob; die Förderung des Absatzes geschah durch Gewährung von Ausfuhrvergütungen, durch Verteilung der Absatzgebiete u. dergl (U. v. 28. April 22 V A 207/21 DStZ. 11, 815).

Zahlungen von Verbandsmitgliedern, die einen Verband lediglich in den Stand setzen, die ihm im Interesse aller Mitglieder satzungsmäßig gestellten Aufgaben zu erfüllen, die also kein Entgelt für Sonderleistungen des Verbandes an die Mitglieder darstellen, sind umsatzsteuerfrei. Dies gilt auch dann, wenn die Entrichtung des Entgelts auf dem Wege der Erstattung der dem Verband erwachsenen Unkosten durch die Verbandsmitglieder erfolgt. Auch soweit in dem von Verbandsmitgliedern gezahlten Gesamtentgelte Zahlungen für besondere Leistungen enthalten sind, kann eine Heranziehung zur Umsatzsteuer dann nicht in Frage kommen, wenn die Zahlungen für diese Leistungen sich in dem Gesamtentgelte so verflüchtigen, daß ihre Höhe ziffernmäßig nicht feststellbar ist. U. v. 5. Mai 22 V A 267/21 S. 10, 1.

β) Anders besonders abgegoltene Vereinsleistungen; U. v. 23. Mai 22 V A 69/21 (n. v.).

Die Tätigkeit eines Kreditreformvereins, die darin besteht, daß der Verein seinen Mitgliedern gegen besondere Gebühren Auskünfte vermittelt und bei der Einziehung von Forderungen behilflich ist, ist umsatzsteuerpflichtig (U. v. 8. April 20 II A 60/20 S. 2, 228); ebenso die Unterhaltung eines Schiedsgerichts durch einen Verein, der für die Inanspruchnahme des Schiedsgerichts Gebühren erhebt. U. v. 23. April 26 V A 275/26 (zur amtl. Veröffentlichung bestimmt).

Umsatzsteuerpflichtig sind Beiträge zu einem Privatschulvereine, die bemessen sind nach der Zahl der von den einzelnen Mitgliedern in die Vereinsschule geschickten Kinder. U. v. 19. Dez. 22 V A 263/21 DJZ. 1923, 247.

Umsatzsteuerpflicht der Dampfkesselüberwachungsvereine. U. v. 23. März 23 V A 7/23 S. 12, 53.

c) Leistungen an die Gesellschaft.

Einbringen ist umsatzsteuerfrei. U. v. 17. Febr. 25 V A 82/24 S. 16, 70; nunmehr überholt durch die Neufassung von § 2 Nr. 7.

Lieferung von Genossenschaftsrüben ist, weil besonders abgegolten, steuerpflichtig. U. v. 30. Nov. 23 I a A 21/23 StZbL. 1923, 181.

Umsatzsteuerpflicht von Milchlieferungen der Genossen an die Molkereigenossenschaft. U. v. 27. Sept. 22 V A 15/22 RStBl. 1922, 315.

d) Leistungen unter den Gesellschaftern.

Der Leistungsaustausch zwischen zwei Rechtssubjekten, die zu einer auf die Gemeinschaft von Gewinn und Verlust beschränkten Interessengemeinschaft zusammengeschlossen sind, ist umsatzsteuerpflichtig. U. v. 9. Dez. 24 V A 47/24 S. 15, 136.

e) Umsatzsteuerpflichtig ist die Abfindung des ausscheidenden Gesellschafters für die Aufgabe seines Gesellschaftsrechts mit Waren. U. v. 29. Jan. 26 V A 344/25 RStBl. 1926, 128.

f) Vgl. noch Anm. 3 c.

IV. Leistungen im Inlande.

11. Ausländische Handelsschiffe in deutschen Häfen sind nicht Ausland; die auf ihnen vorgenommene Vermittlertätigkeit von Maklern ist im Inland bewirkt. U. v. 16. April 26 V A 153/26 n. v.

12. Das Saargebiet ist für die Umsatzsteuer dem Ausland gleichzuachten; U. v. 5. Juli 22 VI a A 21/22 n. v.

13. Eine Warenlieferung, die vom inländischen Lager einer ausländischen Firma erfolgt, ist umsatzsteuerpflichtig. RGStr. 7. Juli 25 E 59, 282.

14. a) Ein Freihafengebiet gehört zum Inland. U. v. 28. Dezember 20 II A 214/20 S. 4, 153; U. v. 18. Januar 22 V A 39/21 StW. 1922, 390.

b) Ebenso gehört zum Inland das in einer deutschen Hauptstadt gelegene Gesandtschaftsgebäude einer ausländischen Macht. Die Grundsätze der Exterritorialität erstrecken sich nicht auf die Befreiung von der Umsatzsteuer (U. v. 7. März 22 V A 157/21 S. 8, 280).

15. Verpflichtet sich ein Reisebüro zur Beförderung eines Reisenden von Holland nach Amerika, so ist eine Umsatzsteuerpflicht nicht gegeben, weil sich die Leistung lediglich im Auslande vollzieht. Anders liegt der Fall, wenn die Reise teils im Inland, teils im Ausland ausgeführt wird: dann ist zu prüfen, ob die Befreiungsvorschrift im § 2 Nr. 5 Platz greift. Verkauft das Reisebüro die Fahrkarten im eigenen Namen, wenn auch als Verkaufskommissionär, so überträgt es im Inland den Anspruch auf eine Beförderung, verpflichtet sich aber nicht zur Ausführung der Beförderung. Das Entgelt ist dann umsatzsteuerpflichtig, auch wenn die Reise selbst im Ausland ausgeführt wird (U. v. 3. Nov. 21 V A 20/21 n. v.).

16. Hat der Vermittler im Inland ein Büro, von dem aus er in irgendeiner Weise als Vermittler tätig wird, so ist seine Tätigkeit im Sinne von § 1 Nr. 1 als im Inland ausgeübt anzusehen, auch wenn Rückversicherungsverträge mit ausländischen Gesellschaften vermittelt werden und Teile seiner Tätigkeit und ihre Wirkungen im Ausland liegen. U. v. 24. Jan. 22 V A 36/21 RStBl. 1922, 238.

Die Einnahmen eines im Ausland wohnenden Grundstücksmaklers aus der Vermittlertätigkeit für inländische Grundstücke unterliegen der Umsatzsteuer, wenn die Hauptleistung, d. h. das Zusammenbringen von Verkäufer und Käufer, von ihm selbst oder von seinem inländischen Vertreter im Inland vorgenommen wird. U. v. 23. Sept. 25 V A 164/25 RStBl. 1925, 203.

17. Die Leistung, die in der Bestellung eines Lizenzrechts als quasidinglichen Rechts besteht, wird dort bewirkt, wo die Einigung hierüber zwischen den Beteiligten getroffen wird. Gleichwohl können Entgelte aus dinglichen Verträgen über Lizenzen an ausländischen Patenten auch dann, wenn die Verträge im Ausland geschlossen werden, umsatzsteuerpflichtig sein, nämlich wenn sie zugleich inländische Leistungen des Lizenzgebers enthalten, die für die wirtschaftliche Ausnutzung des Lizenzrechts wesentlich sind. U. v. 2. Febr. 23 V A 16/22 S. 11, 269.

18. Leistung teilweise im Inland, teilweise im Ausland.

a) Das Durchlotsen eines Schiffes durch das Minengebiet der Nordsee ist als eine in der Hauptsache im Ausland ausgeführte Leistung ganz umsatzsteuerfrei. U. v. 12. Juli 22 V A 173/22 S. 10, 125.

b) Bei Flugleistungen von Deutschland ins Ausland ist das auf die inländische Strecke entfallende Entgelt für umsatzsteuerpflichtig erachtet worden. U. v. 4. Mai 23 V A 140/23 RStBl. 1925, 217.

V. Gewerbliche Tätigkeit.

19. a) Den jetzt im Gesetz ausdrücklich ausgesprochenen Grundsatz, daß die gewerbliche Tätigkeit nicht die Absicht der Gewinnerzielung voraussetzt, sondern daß sie lediglich auf Erzielung von Einnahmen gerichtet zu sein braucht, hat der RFH. schon vor dem UStG. 1919 aufgestellt (G. v. 7. Febr. 19 II D 1/19 S. 1, 12 B; U. v. 8. April 20 II A 60/20 S. 2, 228).

b) Deshalb steht der Umstand, daß die gewerbliche Tätigkeit innerhalb des Steuerabschnittes im Ergebnis Verlust gezeitigt hat, der Veranlagung zur Umsatzsteuer nicht entgegen (U. v. 22. Nov. 21 V A 213/21 AStR. 1922, 315).

c) Die zum Selbstkostenpreis erfolgende Abgabe von Speisen und Getränken durch eine Freimaurerloge an ihre Mitglieder und solche anderer Logen, insbesondere auch bei Abhaltung der durch die Logengesetze vorgeschriebenen Brudermahle, ist eine gewerbliche Tätigkeit i. S. von § 1 Nr. 1. U. v. 13. Juli 23 V A 88/23 DJZ. 1923, 754. Vgl. auch Anm. 10 zu § 8.

20. a) Ideale Beweggründe hindern nicht die Annahme einer gewerblichen Tätigkeit; das ist ausgesprochen worden für Schauspielunternehmungen (U. v. 3. Dez. 19 II A 288/19 S. 2, 66).

b) Der sportliche Hundezüchter ist umsatzsteuerpflichtig, wenn er die Nachzucht gegen Entgelt nachhaltig absetzt. U. v. 9. Juni 23 V A 193/23 S. 12, 210.

c) Gewerbliche Tätigkeit eines Vereins für Hindernis-Rennen. U. v. 3. Juli 23 V A 433/22 StW. 1923, 903.

21. a) Gegenstand: Verkehrsgut. Die gewerbsmäßige Unzucht fällt nicht unter den Begriff der gewerbsmäßigen Tätigkeit im Sinne des UStG. U. v. 23. März 23 V A 323/22 StA. 1923, 135.

b) Eine gewerbliche Tätigkeit kann auch in einzelnen, ihrer Art nach verschiedenen Erwerbszweigen angehörigen Umsätzen gefunden werden, wenn jemand darauf ausgeht, jede sich ihm bietende Gelegenheit zum Erwerbe zu benutzen. U. v. 24. Okt. 22 V A 422/22 S. 10, 263.

22. Die gewerbliche Tätigkeit setzt Nachhaltigkeit, d. h. die Absicht planmäßiger Wiederholung, voraus. U. v. 28. Nov. 22 V A 416/22 RStBl. 1923, 47.

a) Deshalb unterliegt die entgeltliche nachhaltige Vermietung von möblierten Zimmern, auch wenn sie durch Privatpersonen erfolgt, der allgemeinen Umsatzsteuer nach § 1. (U. v. 18. Jan. 22 V A 294/21 S. 8, 121.)

b) Ebenso ist der sich längere Zeit hinziehende Verkauf ererbten Grundbesitzes in einzelnen Teilstücken, der vorgenommen wird, weil der Besitzer seine Kräfte nicht durch die Verwaltung des Grundbesitzes beeinträchtigt wissen, sondern einem neuen Arbeitsfeld widmen will, als gewerbsmäßige Betätigung im Sinne des § 1 Nr. 1 angesehen worden (U. v. 18. Jan. 22 V A 61/21 n. v.).

c) Umfang der gewerblichen Tätigkeit eines Bauunternehmers und Architekten. U. v. 6. Dez. 21 V A 91/21 StW. 1922, 171. Über Grundstücksumsätze vgl. Anm. 7a.

23. Eine gewerbliche Tätigkeit im Sinne des § 1 Nr. 1 ist auch dann anzunehmen, wenn sich die Absicht, tätig zu sein, auf eine von vornherein begrenzte Zeitdauer bezieht. U. v. 18. Jan. 22 V A 294/21 S. 8, 121; v. 25. Okt. 22 V A 376/22 StuW. 1923, 188.

a) Umsatzsteuerpflicht der Lieferungen von offenen Handelsgesellschaften und Gesellschaften m. b. H. im Liquidationsverfahren. U. v. 13. Juli 23 V A 531/22 S. 12, 296.

b) Veranstaltung einer „Modewoche" mit Verkauf von Stoffen, Theaterkarten als gewerbliche Tätigkeit: U. v. 25. Okt. 22 V A 42/22 n. v.

c) Beginnt die Versilberung der Konkursmasse durch den Konkursverwalter mit Einzelverkäufen und endigt sie mit dem Verkaufe des Restes des Warenlagers im ganzen, so ist auch dieser Verkauf umsatzsteuerpflichtig. U. v. 7. Nov. 22 V A 400/22 S. 10, 348.

d) Auch ein einzelner Verkauf kann die Annahme einer gewerblichen Tätigkeit im Sinne des § 1 begründen, wenn bei ihm die Absicht der Wiederholung vorliegt. U. v. 24. Okt. 2 V A 422/22 S. 10, 263.

e) Ebenso eine einmalige Verpachtung auf längere Zeit; G. v. 4. April 24 V D 3/24 S. 13, 298; U. v. 12. Febr. 26 V A 57/26 S. 18, 201.

24. Die Wahrnehmung öffentlicher Gewalt ist keine gewerbliche Tätigkeit.

a) Die preußischen staatlichen Lotterieeinnehmer sind nicht selbständige Gewerbetreibende. U. v. 12. Jan. 23 V A 258/22 RStBl. 1923, 48.

b) Die Tätigkeit der preußischen Gerichtsvollzieher bei freiwilligen Versteigerungen ist nicht eine selbständige gewerbliche, sondern eine amtliche. Sie sind infolgedessen wegen ihrer dafür bezogenen Gebührenanteile nicht umsatzsteuerpflichtig. U. v. 12. Dez. 22 V A 479/22 S. 11, 102.

c) Die Versorgung der Marinemannschaften mit Kleidung gehört zu den öffentlichrechtlichen Aufgaben der Marineverwaltung. Die entgeltliche Abgabe von Dienstkleidungsstücken an die Marinemannschaften, die die Dienstkleidung von der Marineverwaltung beziehen müssen, ist daher umsatzsteuerfrei. Umsatzsteuerpflichtig ist jedoch die entgeltliche Abgabe von Bekleidungsstücken an Marineangehörige, die nicht zum Bezug dieser Gegenstände von der Marineverwaltung verpflichtet sind, oder an nicht zur Marine gehörige Personen. U. v. 13. Juli 23 V A 349/22 S. 12, 289.

d) Die Gewährung von Kost an Gefangene durch das Gefängnisaufsichtspersonal zufolge dienstlicher Verpflichtung ist umsatzsteuerfrei. U. v. 8. Jan. 24 V A 382/23 AStR. 1924, 221. Vgl. dagegen Anm. 25 f.

e) Die entgeltliche Ausgabe von Grasschneide-, Beeren-, Raff- und Leseholzzetteln auf Grund der preußischen Feld- und Forstpolizei-Gesetzgebung durch die preußischen Forstkassen ist kein Ausfluß einer privatwirtschaftlichen Betätigung des Staates, sondern erfolgt in Erfüllung der ihm obliegenden öffentlichrechtlichen Aufgaben. U. v. 9. Juni 23 V A 162/23 u. 22. Juni 23 V A 198/23 RStBl. 1923, 384.

f) Die Zulassung von Börsenbesuchern und die Zulassung von Wertpapieren durch eine Handelskammer ist Wahrnehmung öffentlicher Gewalt. U. v. 8. Jan. 24 V A 382/23 StW. III, S. 208.

25. a) Dagegen tritt Steuerpflicht ein, wenn öffentliche Korporationen oder öffentlich zu gewissen Verrichtungen zugelassene oder bestellte Personen in Wahrnehmung dieser Verrichtungen am Privatgeschäftsverkehr teilnehmen und damit eine gewerbliche Tätigkeit ausüben; so der Reichs- und Preußische Staatsanzeiger (U. v. 16. Juni 20 II A 120/20 S. 3, 95); eine staatliche Strombauverwaltung, die bei der Instandhaltung des Wasserlaufs gewonnenen Kies, ferner Weiden und dergleichen regelmäßig veräußert (U. v. 24. Nov. 21 V A 119/21 S. 7, 275); ein Holzvermessungsamt (U. v. 18. März 21 II A 22/21 RStBl. 1921, 238); Bezirksschornsteinfegermeister (U. v. 12. Mai 20 II A 94/20 S. 2, 339); Zwangsverwalter (U. v. 28. April 20 II A

117/20 S. 2, 313; U. v. 18. März 21 II A 424/20 S. 5, 136); *Lotsen* (U. v. 12. Mai 20 II A 58/20 S. 2, 338); *Kriegsschuhmachereien* der Reichspostverwaltung (U. v. 3. Okt. 22 V A 203/22 StW. II Nr. 11, 26; Rundfunk der Postverwaltung (Ges. vom 8. Juni 25 V D 2/25 S. 17, 73. *Eisenbahngepäckträger* (U. v. 28. Sept. 23 V A 163/23 RStBl. 1923, 430, auch U. v. 12. Dez. 25 V A 263/25 RStBl. 1926, 115), *amtliche Rollfuhrunternehmer* (U. v. 19. Dez. 22 V A 129/22 StA. 1923, 65).

b) Überhaupt ist eine öffentliche Tätigkeit stets dann als gewerbliche anzusehen, wenn der Staat oder die Gemeinde etwas unternimmt, was *auch Gegenstand eines Privatunternehmens* sein kann oder doch sein könnte, wenn dem Staat oder der Gemeinde keine Monopolstellung eingeräumt wäre. U. v. 9. Febr. 24 V A 399/23 S. 13, 201 (Kurtaxe für staatl. Badebetrieb), U. v. 5. Febr. 26 V A 24/26 RStW. 1926, 150 (Überlassung von Ständen in einer Markthalle).

c) Soweit die *preußischen Katasterämter* für Privatpersonen gegen Gebühren tätig werden, unterliegen sie gemäß § 1 Nr. 1 der Umsatzsteuer; ausgenommen sind die im § 17, 6—8 der Katasteranweisung V vom 21. Febr. 1912 bezeichneten Geschäfte. G. v. 14. März 24 V D 1/24 S. 13, 301.

d) Verkaufen Dienststellen einer Staatsforstverwaltung in zwangloser Folge *überschüssiges Altpapier* und befassen sie sich damit, Vordrucke als Beilagen zu Verträgen an Privatpersonen gegen Entgelt abzugeben, so liegt in beidem eine nachhaltige gewerbliche Tätigkeit vor. U. v. 27. April 23 V A 84/23 S. 12, 130.

Ebenso in dem durch Verwaltungsanordnung vorgesehenen wiederkehrenden Verkauf von *Altpapier der Justizverwaltung*; U. v. 4. Mai 23 V A 56/23 n. v.

e) *Anders*, wenn der Verkauf nur *gelegentlich*, ausnahmsweise, erfolgt, so für ein *staatliches Hauptarchiv*: U. v. 19. Dez. 22 V A 47/22 n. v.; für ein Kreisarchiv: U. v. 28. Nov. 22 V A 416/22 n. v.

f) Gewährung von *Kost* und *Wohnung* gegen Entgelt an das *Personal einer staatlichen Krankenanstalt* ist umsatzsteuerpflichtig; U. v. 28. Sept. 23 V A 66/23 n. v.

g) Das Abstoßen der Restvorräte eines aufgelösten städtischen Lebensmittelamtes ist umsatzsteuerpflichtig; U. v. 2. März 23 V A 37/23 n. v.

h) Umsatzsteuerpflicht von *Friedhofsverwaltungen*: G. v. 23. Jan. 25 V D 1/25 S. 15, 197.

i) Umsatzsteuerpflichtigkeit der Verpachtung des Jagdrechts durch eine *Jagdgenossenschaft*. U. v. 12. Febr. 26 V A 57/26 S. 18, 201.

k) Die Verträge, die die Teilnehmer am *Rundfunk* an die Reichspostverwaltung abführen, sind umsatzsteuerpflichtig. G. v. 8. Juli 25 V D 2/25 S. 17, 73.

l) Der Betrieb eines *Kraftwagenunternehmens* in Gesellschaftsform durch eine Stadtgemeinde zur Aufrechterhaltung der Verkehrsverbindung zwischen dem Bahnhof und dem Stadtinnern ist eine gewerbliche Tätigkeit im Sinne des § 1 Nr. 1 und erfolgt nicht in Ausübung der öffentlichen Gewalt. U. v. 6. Nov. 25 V A 207/25 RStBl. 1925, 218.

26. Erst recht wird die Annahme einer gewerblichen Tätigkeit nicht dadurch ausgeschlossen, daß die Tätigkeit von Privatpersonen im öffentlichen Interesse erfolgt, so die Tätigkeit eines im Genossenschaftswesen wirkenden Revisionsverbandes, der wegen der Beiträge, die die Genossenschaften an ihn zur Deckung der Revisionskosten entrichten, für umsatzsteuerpflichtig erachtet worden ist (U. v. 24. Juni 21 II A 223/21 S. 6, 93) — jetzt überholt durch § 2 Nr. 15.

VI. Selbständige gewerbliche Tätigkeit.

27. Subjektives Erfordernis der Selbständigkeit ist Handeln im eigenen Namen. Ob die Tätigkeit auch auf Rechnung des Handelnden geht, spielt keine Rolle.

a) Hieraus erklärt sich die steuerliche Beurteilung des Kommissionärs. Hervorzuheben ist dazu ein U. v. 24. Nov. 21 V A 219/21 (n. v.), wo gesagt ist, daß ein Einkaufskommissionär auch dann Einkaufskommissionär bleibt, wenn seine Beziehungen zu seinem Auftraggeber seinen Kunden bekannt sind. Vgl. im übrigen Anm. 4.

b) Einkauf von Waren durch einen Vertrauensmann. U. v. 19. Jan. 22 V A 259/21 StA. 1922, 137.

28. Aber auch wenn jemand im eigenen Namen im Erwerbsleben handelnd auftritt, ist noch die objektive Selbständigkeit zu prüfen. U. v. 5. Febr. 26 V A 34/26 RStBl. 1926, 150. Dabei sind die gesamten Verhältnisse zu würdigen. U. v. 12. Dez. 24 V A 79/24 DStBl. 1925, 114.

Eine die Umsatzsteuerpflicht ausschließende Unselbständigkeit des Gewerbebetriebs liegt vor, wenn jemand in den geschäftlichen Organismus eines andern so eingegliedert ist, daß er dessen Weisungen zu folgen verpflichtet ist (U. v. 12. Mai 20 II A 94/20 S. 2, 339 = RStBl. 1920, 357; 10. Okt. 22 V A 233/21 RStBl. 1922, 350), wenn er seine ganze Arbeitskraft in den Dienst des andern stellt, sodaß er dessen Anordnungen hinsichtlich des Ortes, der Zeit und der Art und Weise seiner Tätigkeit nachgehen muß, wenn er sich also in persönliche Abhängigkeit begibt (U. v. 5. Nov. 20 II A 257/20 S. 4, 172). Vgl. noch U. v. 17. Mai 21 II A 65—71/21 S. 5, 317 (Pfälzische Winzerwirte, bei denen das ausschlaggebende Gewicht auf ihre gesamte wirtschaftliche und gesellschaftliche Stellung gelegt worden ist); U. v. 28. Jan. 21 II A 304/20 S. 4, 295 (Übernahme bestimmter Arbeiten für ein Bergwerksunternehmen durch eine Zwischenperson, für deren Stellung als entscheidend angesehen worden ist, ob die Zwischenperson die Arbeiten als selbständiger Unternehmer auf Grund eines Werkvertrages oder als Aufsichtsorgan des Bergwerks auf Grund eines Dienstvertrags ausführt und ob die hierbei beschäftigten Arbeiter als solche der Zwischenperson oder des Bergwerks nach Maßgabe des wirklichen Willens der Beteiligten unter Berücksichtigung aller für die Art der Arbeitsleistungen in Betracht kommenden Verhältnisse zu gelten haben); U. v. 30. März 26 V A 138/26, RStBl. 1926, 166 (der Umstand, daß ein Steuerpflichtiger seit mehr als 40 Jahren ausschließlich für ein und dieselbe Firma tätig ist, spricht erheblich für die Unselbständigkeit. Nach der Verkehrsauffassung wird der Prokurist ohne weiteres als leitender oder doch gehobener Angestellter einer

Firma angesehen, wenn nicht besondere Umstände dagegen sprechen); U. v. 27. Mai 21 II A 130/21 n. v. (selbständiger Zwischenmeister im Schneidergewerbe): U. v. 3. Dez. 20 II A 315/20 S. 4, 81 (Ratsmaurer- und Zimmermeister in Berlin als unselbständige Gewerbetreibende, die den für das Feuerlöschwesen zuständigen Behörden zu unweigerlichem Gehorsam verpflichtet sind); U. v. 12. Dez. 24 V A 39/24 DStZ. 1925, 177 (in einem städtischen Schlachthof tätige Kopfschlächter als unselbständige Gewerbetreibende).

29. Für die Entscheidung der Frage, ob Eigenhandel oder Vermittlung vorliegt, ist nicht das Innenverhältnis des Steuerpflichtigen zu seinem Lieferer, sondern die Beziehungen zu seinem Kunden maßgebend. Firmenschilder des Großhändlers oder Erzeugers, die sich am Marktstande eines Kleinhändlers befinden, werden, auch wenn sie das Wort „Verkaufsstelle" enthalten, im Verkehr regelmäßig als bloße Herkunftsbezeichnung der Ware angesehen; sie sind nicht dazu bestimmt, eine Rechtsbeziehung zwischen dem Lieferer und dem Marktkunden herbeizuführen. Dies gilt besonders, wenn sich am Marktstande des Kleinhändlers ein Schild mit dessen Namen befindet, das ihn als den Inhaber des Marktstandes kennzeichnet (U. v. 4. Dez. 25 V A 289, RStBl. 1926, 116).

Ein Gewerbetreibender hat von einer Großfirma einen Laden gepachtet und an der Ladentür seinen Namen angebracht, sich jedoch verpflichtet, nur Waren der Großfirma zu veräußern. Die Anbringung des Namens an der Ladentür des Geschäftsraumes spricht für Selbständigkeit und Auftreten im eigenen Namen. Diesem Umstand gegenüber kommt ein etwa vorhandener aber nicht erkennbar hervortretender Wille, im fremden Namen zu handeln, nicht in Betracht. Der Gewerbetreibende ist daher aus dem gesamten vereinnahmten Entgelt umsatzsteuerpflichtig (U. v. 10. Jan. 25 V A 113/25 RStBl. 1925, 148).

Wenn der Inhaber eines Kolonialwarenladens Butter einer Molkereigenossenschaft verkauft, so handelt er in der Regel nicht als Vermittler, sondern als Verkaufskommissionär. Im Laden angebrachte Plakate und Preistafeln der Molkereigenossenschaft bedeuten den Käufern nicht mehr als ein Ursprungszeugnis und als die im Butterhandel übliche Bekanntgabe von Tagespreisen (U. v. 12. März 26 V A 152/26, RStBl. 1926, 151 Vgl. auch U. v. 26. Sept. 22 V A 195/21 RStBl. 1922, 314 (Brotverkaufsstelle). Vgl. auch U. v. 7. Mai 26 V A 257/26 DStZ. 1926, 531.

30. Sonstige Einzelfälle.

a) Agenten sind selbständige Gewerbetreibende, da sie nach Belieben ihre Tätigkeit einrichten können, es z. B. in der Hand haben, ob sie ihre Kinder aufsuchen oder zu sich kommen lassen wollen. U. v. 18. März 20 II A 131/20 RStBl. 1921, 222, U. v. 6. Mai 21 II A 121/21 S. 5, 266, U. v. 23. Dez. 19 II A 171/19 n. v.

Speziell über die Stellung von Generalagenten und Spezialagenten einer Versicherungsgesellschaft vgl. U. v. 6. Okt. 20 II A 141/20 S. 3, 290. Erstere werden in der Regel Angestellte, letztere selbständige Gewerbetreibende sein.

Der Versicherungsagent, der zwar die Bezeichnung „Generalagent" führt, selbst aber Geschäfte vermittelt und nicht behindert ist, Anträge auf Versicherung, die bei einer Gesellschaft nicht unterzubringen sind, einer anderen Versicherungsgesellschaft zuzuführen, ist selbständiger Gewerbetreibender. Dies gilt auch dann, wenn eine offene Handelsgesellschaft so tätig ist. U. v. 14. Nov. 24 V A 67/24 AStR. 1925, 83. Vgl. auch U. v. 31. März 22 V A 47/21 RStBl. 1922, 279.

b) Wer in einer *Gastwirtschaft* seinen Gästen gegenüber als Wirt *selbständig auftritt*, gilt regelmäßig umsatzsteuerrechtlich als selbständig, auch wenn er beim Bezug der Getränke und Eßwaren vertraglich gebunden ist, und wenn Lieferungen für die Gastwirtschaft zunächst von Dritten bezahlt werden. U. v. 20. Febr. 25 V A 22/25 RStBl. 1925, 81; insbes. *Ratskellerwirt* als selbständiger Gewerbetreibender; U. v. 9. März 23 V A 63/23 n. v.

c) *Milchtransport* (U. v. 26. Sept. 22 V A 194/21 RStBl. 1922, 334).

d) Ein *Theaterdirektor*, der mit eigenem Personal auf Grund eines mit einem Landestheater abgeschlossenen Vertrages während der Sommermonate, wo das Theater nicht spielt, am Sitze desselben Gastspiele veranstaltet, kann als selbständiger Unternehmer in Frage kommen, auch wenn nach dem Wortlaut des Vertrags das Landestheater als Unternehmerin bezeichnet wird (U. v. 10. Juni 25 V A 133/25 S. 16, 349).

e) Zum Begriff der Selbständigkeit bei *Winzerwirten*, denen Winzervereine die Bewirtschaftung von Wirtschaften übertragen haben. U. v. 27. Sept. 22 V A 100/22 u. 25. Okt. 22 V A 442/22 RStBl. 1922, 350.

f) Umsatzsteuerpflicht einer *Zwischenperson*, die anderen Unternehmern Arbeiter zur Verfügung stellt. Maßgebend für die steuerrechtliche Beurteilung von Verträgen ist der wirkliche Wille der Parteien, der unter Berücksichtigung aller in Betracht kommenden Verhältnisse zu erforschen ist (U. v. 3. Juli 22 V A 19/22 S. 10, 92).

g) Ein Unternehmer hat sich vertraglich verpflichtet, die von einer andern Firma beschafften Rohstoffe zu verarbeiten und die Fertigerzeugnisse an die ihm bezeichneten Abnehmer der andern Firma zu versenden. Das Unternehmen ist in der Leitung und Führung des Betriebs in der Arbeits- und Zeiteinteilung, in der Annahme und Entlassung von Arbeitskräften und, vertraglich wenigstens auch in der Übernahme von andern Aufträgen nicht behindert. Wenn das Unternehmen auch fast ausschließlich für andere Firmen tätig wird, so ist es bei dieser Sachlage doch nicht Organ der anderen Firma und daher umsatzsteuerpflichtig, zumal es seine Dienstleistungen und deren Erfolg auf der Grundlage des Vertrages nur aus dem jeweiligen Auftrag schuldet (U. v. 1. Juli 25 V A 150/25 RStBl. 1925, 156).

h) Umsatzsteuerpflicht eines *Wäschefaktors* (U. v. 9. Juni 22 V A 248/22 JndMitt. 1922, 315).

31. *Hausindustrie* (vgl. DurchfBest. § 1).

a) Ein in der Hausindustrie Erwerbstätiger, der fremde Arbeitskräfte beschäftigt und das Arbeitsgerät stellt, ist nicht als Heimarbeiter, sondern als Hausgewerbetreibender anzusehen. Er unterliegt also der Umsatzsteuer (U. v. 6. Dez. 22 V A 398/22 DJZ. 1923, 247).

b) Die in der Hausindustrie für rheinische Seidenfabrikanten tätigen Bandwirkermeister, die mit eigenen Bandstühlen und Werkzeug arbeiten und fremde Arbeitskräfte gegen Lohn beschäftigen, sind nicht als unselbständige Heimarbeiter, sondern als selbständige Hausgewerbetreibende anzusehen (U. v. 16. Febr. 23 V A 46 bis 53/23 S. 11, 317).

c) Besorgt eine Bordierverlegerin die Fertigstellung oder das Besticken von Strümpfen für den Fabrikanten durch Heimarbeiter, die sie im eigenen Namen annimmt und bezahlt, ohne an bestimmte Weisungen in der Auswahl und Verwendung der Arbeitskräfte gebunden zu sein, so ist sie auch dann selbständige Gewerbetreibende, wenn sie ohne Kündigungsverhältnis ausschließlich für einen und denselben Fabrikanten tätig sein darf und dieser die Höhe der Arbeitslöhne bestimmt (U. v. 18. Jan. 24 V A 395/23 S. 13, 211).

d) Die in der nordbayerischen Glasindustrie tätigen Poliermeister sind nicht als selbständige Gewerbetreibende, sondern als Angestellte der Glasfabriken anzusehen (U. v. 28. April 25 V A 69/25 S. 16, 148).

e) Umgehung. Die Voraussetzungen des § 1 AusfBest. (jetzt § 1 DurchfBest.), wonach Hausgewerbetreibende, die nicht mehr als einen fremden Arbeitnehmer beschäftigen, falls sie mit bestimmten Unternehmern in festem Geschäftsverkehr stehen, für die Umsatzsteuer nicht als selbständig behandelt werden, kann nicht dadurch künstlich hergestellt werden, daß ein Bandwirkermeister, der 10 Bandstühle besitzt und außer seinen Kindern vier Arbeiter beschäftigt, je zwei Bandstühle an seine vier minderjährigen Kinder als selbständige Hausgewerbetreibende mit je einem Arbeitnehmer überläßt, während sonst alles beim alten bleibt (U. v. 9. Mai 24 V A 8/24 StW. 1924, 924).

32. Der unselbständig im Erwerbsleben Tätige ist Angestellter; deshalb wird mitunter ein Anzeichen für die Unselbständigkeit darin erblickt, daß der Beteiligte der Angestelltenversicherung unterworfen ist (U. v. 17. Mai 21 II A 65—71/21 S. 5, 317). Für Privatlehrer, die schlechthin der Angestelltenversicherung unterfallen, kommt dieses Argument nicht in Betracht (U. v. 7. Juni 21 II A 279/21 S. 6, 87).

Die Tätigkeit im Dienste mehrerer Geschäftsherren setzt in der Regel Selbständigkeit des Dienstleistenden voraus, es sei denn, daß die Tätigkeit für die mehreren Geschäftsherrn so scharf getrennt ist, daß Kollisionen nicht vorkommen können und der eigenen Entschließung des Dienstleistenden nicht überlassen bleibt, für wen er im einzelnen Falle tätig werden will (U. v. 31. März 22 V A 47/21 n. v.). Vgl. auch Anm. 34 c.

Wenn z. B. ein Buchhalter bei mehreren Unternehmern als sogenannter Stundenbuchhalter tätig ist oder wenn ein Generalagent mehrere, den gleichen Versicherungszweig bearbeitende Versicherungsgesellschaften vertritt, so spricht dies für die Annahme einer selbständigen gewerblichen Tätigkeit; U. v. 4. Mai 1923 V A 100/23 RStBl. 1923 S. 217.

Ebenso für einen Rechtskonsulenten, der für 13 Gewerbetreibende gegen monatliche Vergütung die Bücher führt: U. v. 4. Mai 23 V A 100/23 n. v.; für einen Privatlehrer, der in seiner Wohnung mehreren Schülern Unterricht erteilt: U. v. 3. Okt. 23 V A 397/22; für einen bei verschiedenen Kunden unregelmäßig arbeitenden Schneider: U. v. 28. Sept. 23 V A 264/23.

33. Auch bei juristischen Personen taucht die Frage auf, ob sie objektiv selbständige Gewerbetreibende sind oder nicht.

a) Die selbständige gewerbliche Tätigkeit von juristischen Personen bildet natürlich die Regel. Sie ist in folgenden Grenzfällen als vorliegend angenommen worden: Bei einer Kohlenplatz-Betriebsgesellschaft m. b. H., deren alleinige Gesellschafter zwei Kohlen-Großhandelsfirmen sind und die auf eigenen Fuhrwerken die für beide Firmen eingehenden Brennstoffe ihren, der Betriebsgesellschaft gehörenden, Lagerplätzen zuführt und weiter an die Kunden der beiden Gesellschafter auf deren Weisung gegen Ersatz der durch diese Leistungen entstehenden Aufwendungen abliefert (U. v. 16. Nov. 20 II A 320/20 RStBl. 1921, 7); weiter für die Tätigkeit einer Gesellschaft als Spezialagentin einer Versicherungsgesellschaft (U. v. 6. Okt. 20 II A 141/20 S. 3, 290); ferner für die Tätigkeit einer G. m. b. H., die für sich keinen eigenen Gewinn erzielen will und nur für die an ihr beteiligten Gesellschafter durch gemeinschaftliche Lagerung und Expedition ihrer Waren gegen Ersatz der Unkosten tätig wird, im übrigen aber nach außen hin nicht hervortritt (U. v. 6. Okt. 20 II A 189/20 S. 3, 281); für die Vermittlungstätigkeit eines Unternehmens, die den wirtschaftlichen Verkauf von Briketts einer Hütte an die örtlichen Verwaltungen der Reichsbahn betraf (U. v. 27. Nov. 25 V A 291/25 RStBl. 1925, 40).

b) Die Selbständigkeit einer Genossenschaft kann nicht aus wirtschaftlichen Gründen verneint werden (U. v. 30. Juni 22 V A 9/22 RStBl. 1922, 238).

34. a) Unselbständigkeit einer juristischen Person kann nur beim Vorliegen besonderer Umstände angenommen werden (U. v. 3. Okt. 22 V A 382/22 RStBl. 1922, 351).

b) Anderseits begründet die Tatsache, daß eine Tätigkeit von einer juristischen Person ausgeübt wird, noch nicht ohne weiteres die Annahme, die juristische Person sei selbständig gewerblich tätig; vielmehr kann ihre Unselbständigkeit unter denselben Voraussetzungen wie bei natürlichen Personen gegeben sein. Vgl. U. v. 21. Juli 20 II A 167/20 S. 3, 231 (Aktiengesellschaft Rheinisch-Westfälisches Kohlensyndikat als Angestellte der bürgerlich-rechtlichen Syndikats-Gesellschaft), U. v. 6. Okt. 20 II A 141/20 S. 3, 290 (Tätigkeit einer Gesellschaft als Spezialagent und Generalagent einer Versicherungsgesellschaft). Die Möglichkeit der Unselbständigkeit ist angenommen worden bei einer auf Veranlassung der Reichsbekleidungsstelle ins Leben gerufenen Warenbezugsgesellschaft m. b. H., die nach einem von der Reichsbekleidungsstelle genehmigten Verteilungsschlüssel die Waren auf ihre Mitglieder verteilt (U. v. 12. Juli 21 II A 308/21 n. v.). Weiter ist als gewerblich unselbständig eine Tochtergesellschaft angesehen worden, die für Rechnung der Muttergesellschaft (einer Hotelbetriebsgesellschaft) ein Hotel im eigenen Namen bewirtschaftet und die gesamten Einnahmen aus diesem Betrieb an die Muttergesellschaft abzuliefern hat, während die Muttergesellschaft sämtliche Betriebsausgaben trägt (U. v. 25. Juni 20 II A 290/19 RStBl. 1920, 468). Ebenso eine Gesellschaft m. b. H., die zur Erfüllung von Aufgaben eines städtischen Amtes ausschließlich mit städtischen Mitteln errichtet und unterhalten wird und deren geschäftliche Bewegungsfreiheit nicht auf eigner Machtvollkommenheit, sondern auf dem Willen der Stadt beruht

(U. v. 10. Febr. 26 V A 13/25 RStBl. 1925, 85). Errichten mehrere zu einer Gesellschaft des bürgerlichen Rechts zusammengeschlossene Aktiengesellschaften eine G. m. b. H. als Verkaufsstelle, so ist diese als Angestellte der Gesellschaft des bürgerlichen Rechts anzusehen, wenn sie in deren Namen auftritt Vgl. dazu Anm. 3b. Wenn die Firma einer solchen Verkaufsstelle zugleich die Namen ihrer Auftraggeber enthält, so handelt sie im Sinne des UStG. nicht im eigenen Namen, soweit sie Verkäufe unter jener Firma abschließt (U. v. 31. März 22 V A 48/21 S. 9, 146).

c) Die Tatsache, daß eine juristische Person als Generalagentin mehrere Versicherungsgesellschaften vertritt, spricht für die Annahme einer selbständigen gewerblichen Tätigkeit; eine abweichende Auffassung liegt um so ferner, je größer die Zahl der vertretenen Gesellschaften ist, zumal wenn sich darunter Gesellschaften befinden, die gleichartige Versicherungszweige betreiben. Dies gilt namentlich dann, wenn diese Gesellschaften sich nicht über bestimmte Grundsätze ihrer Vertretung geeinigt haben (U. v. 27. Jan. 23 V A 11/23 S. 11, 265). Anders, wenn die Zuweisung der Versicherungen an die einzelnen Gesellschaften nicht in ihrem freien Ermessen liegt, sondern wenn von vornherein vertraglich abgemacht worden ist, in welchem Verhältnis die Zuweisung zu erfolgen hat (U. v. 27. Mai 25 V A 117/25 StBl. 1925, 148).

d) Eine Mineralölraffinerie — G. m. b. H. — kann unter besonderen Umständen Angestellte eines anderen Unternehmens — AG. — sein, mit dem sie einen Konzern bildet (U. v. 20. April 23 V A 150/22 DStZ. 1923, 319). Vgl. auch U. v. 14. Dez. 23 V A 141 u. 150/23 DStZ. 1924, 103.

e) Abteilung eines Gesamtunternehmens; Tochtergesellschaft: U. v. 14. Dez. 23 V A 141 u. 150/23 S. 13, 146.

f) Der Umstand, daß eine Aktiengesellschaft A Eigentümer des Warenlagers der Firma B ist, dieser das ganze zum Geschäftsbetrieb erforderliche Betriebskapital hergibt, Gewinn und Verlust der Firma trägt, dem Inhaber der Firma B festes Gehalt und Anteil am Reingewinn gewährt, gestattet den Schluß, daß die Firma B Angestellte der Aktiengesellschaft A ist (U. v. 15. Nov. 24 V A 59/24 StW. 1925, 141).

g) Die Verkaufsstelle mehrerer zu einem Kartell zusammengeschlossener Fabrikanten ist Angestellte nicht der einzelnen Fabrikanten, sondern der Gesellschaft des bürgerlichen Rechts, die eben diese Fabrikanten bilden; diese Gesellschaft ist umsatzsteuerpflichtig (U. v. 10. Febr. 25 V A 97/24 S. 15, 312; U. v. 26. Febr. 26 V A 83/26 RStBl. 1926, 151). In diesen Fällen ist die Gesellschaft des bürgerl. Rechts Unternehmerin. Anders Anm. 3 c.

35. Zwischen Angestelltem und Geschäftsherrn finden keine steuerpflichtigen Umsätze statt (U. v. 25. Juni 20 II A 290/19 RStBl. 1920, 468; U. v. 14. Dez. 23 V A 141 u. 152/23 S. 13, 146). Ebensowenig zwischen den mehreren als Angestellte eines Hauptunternehmens anzusehenden Einzelunternehmen (U. v. 10. Febr. 26 V A 13/25 RStBl. 1925, 85; U. v. 20. April 23 V A 150/22 DStZ. 1923, 319). Für die Umsätze des Angestellten nach Außen ist der Geschäftsherr Steuerschuldner, der Angestellte haftet nach Maßgabe von § 89 AO. (U. v. 28. Nov. 24 V A 73/24 S. 15, 116; U. v. 28. Nov. 24 V A 74/24 S. 15, 116, vgl. auch U. v. 5. Febr. 26 V A 34/26 RStBl. 1926, 150).

36. Vorstehende Gesichtspunkte sind auf den Verkehr mit rationierten Waren und auf die sonstige Tätigkeit der Gewerbetreibenden innerhalb der Zwangswirtschaft angewendet worden. In der Regel ist die Selbständigkeit des mit dem Absatz solcher Waren, mit ihrer Verteilung gegen Entgelt an die Verbraucher, beauftragten Unternehmers angenommen worden (U. v. 11. März 21 II A 110/21 RStBl. 1921, 201); insbesondere ist daran festgehalten worden, daß vorgeschriebene Höchstpreise, selbst wenn diese unzulänglich sind, der Annahme eines selbständigen Gewerbebetriebs im Sinne von § 1 Nr. 1 des Gesetzes nicht entgegenstehen (U. v. 4. Februar 21 II A 261/20 n. v., U. v. 4. März 21 II A 39/21 n. v., U. v. 30. März 21 II A 57/21 n. v.).

Überhaupt ist es ständige Praxis des RFH., daß die Selbständigkeit des in die Zwangswirtschaft eingegliederten Aufkäufers durch die Bindung an Schlußschein, Bezugsschein, Höchstpreise, Höchstverdienst, Ausweispflicht nicht berührt wird (U. v. 7. Febr. 22 V A 266/21 S. 8, 163).

Im einzelnen sind folgende Entscheidungen hervorzuheben:

a) Für den Lebensmittelhandel überhaupt: U. v. 11. Febr. 20 II A 13/20 n. v. (der Eigentumsvorbehalt an den dem Kleinhändler von der Verteilungsstelle gelieferten Waren bis zur Abführung des Kaufpreises steht der Umsatzsteuerpflicht des Kleinhändlers nicht entgegen); U. v. 11. März 21 II A 110/21 n. v. (selbständiger Gewerbebetrieb einer für eine Kriegswirtschaftsgesellschaft tätigen Fischverteilungsstelle, die diese Bezeichnung ihrer Firma beifügte); U. v. 23. Dez. 19 II A 342/19 RStBl. 1920, 156 (selbständiger Gewerbebetrieb eines Verkäufers, der vertraglich von einer Gemeinde Kartoffeln gegen Bezahlung abnimmt und sie in einer städtischen Verkaufsstelle auf eigene Rechnung an bezugsberechtigte Einwohner weiterverkauft).

b) Gemüse- und Obstbewirtschaftung: U. v. 18. Febr. 20 II A 33/20 n. v. (selbständiger Gewerbebetrieb); in einem besonderen Falle ist Unselbständigkeit des Sammelhändlers angenommen worden (U. v. 3. Dez. 20 II A 352/20 n. v.).

c) Milchbewirtschaftung (U. v. 28. April 20 II A 131/20 n. v., U. v. 15. Okt. 20 II A 328/20 n. v., U. v. 6. Mai 21 II A 140/20 n. v.).

d) Fleischbewirtschaftung: U. v. 5. Nov. 19 II A 241/19 DStBl. 2, 354.

e) Selbständige Viehaufkäufer: U. v. 11. Febr. 20 II A 231/19 n. v., U. v. 25. Febr. 20 II A 330/19 n. v., U. v. 7. Juni 21 II A 33/21 n. v. Ausnahmsweise ist ein Viehaufkäufer nach der besonderen Gestaltung des Falles als unselbständig angesehen worden (U. v. 3. Dez. 20 II A 269/20 n. v.; v. 7. Febr. 22 V A 266/21 S. 8, 163 = RStBl. 1922, 149).

f) Butterbewirtschaftung: In der Regel treten selbständige Verteiler auf: U. v. 12. Nov. 19 II A 301/19 n. v., U. v. 1. April 21 II A 432/20 n. v. Ein Butteraufkäufer ausnahmsweise unselbständig: U. v. 29. April 21 II A 37/20 n. v.

g) Eine Häuteverwertungsgesellschaft als Kommissionärin ihrer Genossen: U. v. 6. Mai 21 II A 30/21 n. v.

h) Kein selbständiger Gewerbebetrieb ist in der auf behördlicher Anordnung beruhenden entgeltlichen Rücklieferung von Feintalg an die das Rohfett liefernden Fleischer erblickt worden (U. v. 29. April 21 II A 101/21 n. v.).

i) Bäcker (U. v. 24. Nov. 21 V A 83/21 RStBl. 1922, 149).

VII. Berufliche Tätigkeit.

37. Die freien Berufe waren nach dem Gesetz von 1918 von der Umsatzsteuerpflicht ausgeschlossen. Diese Befreiung ist bereits durch das Gesetz von 1919 weggefallen. Demgemäß hat das U. v. 10. Nov. 20 II A 133/20 S. 4, 14 über die Erteilung von Rat in Steuersachen seitens einer Gesellschaft durch wissenschaftlich geschulte Kräfte seine Bedeutung verloren. Jetzt ist die Umsatzsteuerpflicht einer solchen Tätigkeit unbestritten gegeben.

VIII. Lieferungen oder Leistungen innerhalb der gewerblichen oder beruflichen Tätigkeit.

38. Beginnt die Versilberung der Konkursmasse durch den Konkursverwalter mit Einzelverkäufen und endigt sie mit dem Verkaufe des Restes des Warenlagers im ganzen, so ist auch dieser Verkauf umsatzsteuerpflichtig (U. v. 7. Nov. 22 V A 400/22 S. 10, 348).

39. a) Nicht mehr zur gewerblichen Tätigkeit gehört die Veräußerung eines Geschäfts im ganzen, es sei denn, daß der Verkauf nur geschieht, um ein anderes Unternehmen von dem Entgelt weiter zu führen (U. v. 7. Juni 21 II A 187/21 S. 6, 53; U. v. 3. Dez. 20 II A 239/20 RStBl. 1921, 63; U. v. 3. Dez. 20 II A 239/20 n. v.). Ebenso ist die Veräußerung eines landwirtschaftlichen Gutes auch in Ansehung der mitveräußerten beweglichen Sachen (Inventar und Vorräte) für umsatzsteuerfrei erachtet worden, sofern es sich nicht um die Veräußerung durch gewerbsmäßige Melioratoren handelt (U. v. 16. Juni 20 II A 170/20 S. 3, 109).

b) Die Abveräußerung des einer staatlichen Münze angegliederten Betriebs, der auf die Herstellung von Silberwaren gerichtet war, ist als die Veräußerung eines selbständigen Teilbetriebs im ganzen angesehen, also nicht dem § 1 Nr. 1 unterstellt worden, ohne Rücksicht darauf, ob der Münzbetrieb selbst als Ausübung eines staatlichen Hoheitsrechtes oder als Gewerbebetrieb aufzufassen ist (U. v. 31. Jan. 22 V A 53/21 StW. 1922 Nr. 500).

Dagegen ist die Veräußerung eines unselbständigen Teiles eines Unternehmens — einer Filiale — als umsatzsteuerpflichtiges Geschäft angesehen worden (U. v. 28. Juni 23 V A 45/23 DStZ. 1922, 460). Ebenso die Veräußerung von einzelnen größeren Teilen der Anlagewerte (U. v. 30. Sept 25 V A 233/25 DStZ. 1925, 1016).

40. a) Hilfsgeschäfte:

Zur gewerblichen oder beruflichen Tätigkeit gehören nicht nur die Lieferungen und Leistungen, die das Unternehmen in erster Linie bezweckt, sondern alle geschäftlichen Maßnahmen, die die Haupttätigkeit des Unternehmens mit sich bringt. Es genügt, um derartige Hilfsgeschäfte in die gewerbliche Tätigkeit einzubeziehen, daß sie geeignet sind oder dazu dienen sollen, den Gesamtbetrieb aufrecht zu erhalten oder fortzusetzen. Entscheidend ist nicht der Gegensatz zwischen Hauptgeschäft und Nebengeschäft, sondern der zwischen der geschäftlichen Tätigkeit des Gewerbetreibenden und seinem Eigenleben. Entgeltliche Leistungen und Lieferungen sind deshalb beim Kaufmann grundsätzlich umsatzsteuerpflichtig, bei Kapitalgesellschaften sogar ausnahmslos; denn bei diesen können Lieferungen oder Leistungen, die nicht mit ihrem geschäftlichen Unternehmen zusammenhängen, garnicht vorkommen (U. v. 10. Juli 21 II A 159/21 RStBl. 1921, 325, U. v. 20. Sept. 21 II A 247/21 S. 6, 337; vgl. auch U. v. 29. Nov. 21 V A 37/21 S. 7, 298; v. 25. Okt. 22 StW. 1923, 190).

b) Beispiele solcher Hilfsgeschäfte:

Die Gewährung von Verpflegung und Wohnung seitens eines Gewerbetreibenden an seine Arbeiter U. v. 26. März 20 II A 85/20 n. v.; 15. April 21 II A 93/21 n. v.); die Fürsorge eines Unternehmers für die bei ihm tätigen Kriegsgefangenen (U. v. 26. März 20 II A 85/20 RStBl. 1920, 272); die entgeltliche Verteilung der für Schwerarbeiter zugewiesenen Lebensmittel durch eine Aktiengesellschaft an ihre Arbeiter (U. v. 10. Juli 21 II A 159/21 RStBl. 1921, 325); die gelegentliche Veräußerung von Vieh in einem landwirtschaftlichen Betrieb, auch wenn sie auf Grund einer gesetzlichen Ablieferungspflicht erfolgt (U. v. 14. Jan. 20 II A 338/19 S. 2, 122) — insbesondere ausgesprochen für Leistungen zur Erfüllung des Friedensvertrags (U. v. 11. Okt. 21 V A 97/21 n. v.); — die im laufenden Betrieb erfolgende Veräußerung entbehrlicher Grundstücke oder überflüssig gewordener Gebrauchsgegenstände (U. v. 28. Dez. 20 II A 350/20 S. 4, 183; v. 24. März 21 II A 94/21 S. 5, 145); Abstoßung unverwertbaren Rohmaterials (U. v. 4. Juli 22 V A 308/22 S. 10, 128).

41. Besondere Fälle:

a) Auch für Umsätze von landwirtschaftlichen Gütern oder von Teilen solcher Güter gilt der Grundsatz, daß zur umsatzsteuerpflichtigen Tätigkeit nicht nur die Lieferungen und Leistungen, die das landwirtschaftliche Unternehmen in erster Linie bezweckt, gehören, sondern alle geschäftlichen Maßnahmen, die die Haupttätigkeit des Unternehmens mit sich bringt und die geeignet oder dazu bestimmt sind, den Hauptbetrieb aufrechtzuerhalten oder fortzuführen, wie z. B. die Veräußerung unwirtschaftlicher Grundstücksteile (U. v. 7. Nov. 22 V A 460/22 S. 10, 317).

b) Die gegen besonders niedriges Entgelt bewirkte Abgabe von Deputatkohle, Lebensmitteln und Bedarfsgegenständen seitens einer Gewerkschaft an ihre Angestellten und Arbeiter auf Grund des Spaa-Abkommens und eines damit zusammenhängenden Überschicht- und Verbilligungsabkommens stellt, soweit sie gegen Bezahlung erfolgt, nicht eine Gewährung von üblichen Naturalleistungen als Vergütung für geleistete Dienste dar. Sie ist ein umsatzsteuerpflichtiges Hilfsgeschäft des gewerblichen Unternehmens. Das Unternehmen ist, soweit es solche Lieferungen bewirkt, nicht ausschließlich gemeinnützig (U. v. 30. Juni 22 V A 209/22 S. 10, 144).

c) Zu den Hilfsgeschäften gehören bei einer Aktiengesellschaft, deren Unternehmen auf den Betrieb des Spiritusproduktions- und Kommissionsgeschäfts gerichtet ist, auch die Veräußerungen von Spritfabriken und Lagerhäusern an das Reich im Verfolg der Monopolgesetzgebung (U. v. 28. Sept. 23 V A 103/23 RStBl. 1923, 431).

42. Grundstücksumsätze (vgl. auch Anm. 7 a).

Die Veräußerung von Grundstücken ist nicht nur dann umsatzsteuerpflichtig, wenn das Unternehmen des Veräußerers unmittelbar auf fortgesetzte Veräußerung von Grundstücken gerichtet ist, wie z. B. bei Grundstücksverwertungsgesellschaften, sondern auch dann, wenn es sich um Grundstücke handelt, die zum Anlagekapital gehören, deren Verwertung aber im laufenden Betrieb angezeigt erscheint und deren Wert dem Unternehmen erhalten bleibt (G. v. 17. Dez. 20 II D 9/20 S. 4, 92); vgl. Anm. 41a.

Ferner ist als innerhalb eines Gewerbebetriebs erfolgend für umsatzsteuerpflichtig erachtet worden:

Der nur gelegentlich erfolgende Verkauf von Grundstücken seitens eines Bauunternehmers, der viele Grundstücke bebaut, um sie durch Weitervermietung zu benutzen, sofern der durch den Verkauf erzielte Erlös zur Aufrechterhaltung und Fortführung der Haupttätigkeit des Bauunternehmers bestimmt ist (U. v. 8. April 21 II A 387/20 S. 5, 241; U. v. 21. Febr. 1922 V A 288/21 n. v.); ebenso die gelegentliche Abstoßung eines Grundstückes einer Baugesellschaft, namentlich aber die Liquidation des umfangreichen Grundbesitzes einer Baugesellschaft (U. v. 17. Juni 21 II A 278/21 S. 6, 76); die planmäßige Fortsetzung und Abwicklung der gewerblichen Tätigkeit eines verstorbenen Bauunternehmers durch seine Erben, die mit der Absicht der Gewinnerzielung vorgenommen wird (U. v. 3. Dez. 20 II A 357/20 RStBl. 1921, 56); die Tätigkeit eines Bauunternehmers, der sein Baubüro aufgegeben hat, aber in der Folgezeit von dem behaltenen umfänglichen Grundbesitz nach und nach einzelne Grundstücke abstößt (U. v. 23. Dez. 20 II A 384/20 n. v.). Vgl. auch Anm. 22b und c.

Auch der gleichzeitige Verkauf der sämtlichen Grundstücke einer Baugesellschaft kann innerhalb der gewerblichen Tätigkeit der Gesellschaft gelegen sein und daher der Steuerpflicht unterfallen (U. v. 30. Mai 22 V A 11/22 RStBl. 1922, 236).

43. Die Praxis neigt dazu, bei Kapitalgesellschaften alle Geschäfte als in den Gewerbebetrieb fallend anzusehen (U. v. 30. Sept. 25 V A 233/25 DStZ. 1925, 1016). Vgl. Anm. 40.

Abs. 2.

Vgl. DurchfBest. § 4. (Eigenverbrauch von Landwirten.)

IX. Eigenverbrauch (§ 1 Nr. 2).

44. a) Über die Umsatzsteuerpflicht des Eigenverbrauchs in landwirtschaftlichen Betrieben hat sich der RFH. in einem Gutachten vom 4. April 19 II D 3/19 S. 1, 20 B dahin ausgesprochen:

Der Eigenverbrauch des Landwirts nach § 1 Abs. 2 des UStG. umfaßt auch die Beköstigung der Familienangehörigen des Unternehmers, soweit sie kraft gesetzlicher Verpflichtung oder freiwillig als Unterhalt gewährt wird. Soweit die Beköstigung der Familienmitglieder Entgelt für deren Tätigkeit im Betriebe ist, ist die Umsatzsteuerpflicht nach § 1 Abs. 1 gegeben. Die Entnahme von Erzeugnissen aus dem Eigenbetriebe des Landwirts zur Beköstigung seines Gesindes ist steuerpflichtig, und zwar nach § 1 Abs. 2 des Gesetzes, wenn das Gesinde nicht im Betriebe mit tätig ist, sonst nach § 1 Abs. 1.

Dieses Gutachten ist in Ansehung des zweiten und dritten Satzes durch § 2 Nr. 10 überholt, soweit es die Beköstigung der von dem Landwirt innerhalb seines Betriebs beschäftigten Angestellten und Arbeiter einschließlich etwaiger Angehöriger betrifft. Im übrigen behält es seine Bedeutung. Das Gleiche gilt von dem U. v. 14. Jan. 20 II A 338/19 S. 2, 122, worin dem Eigenverbrauch des Landwirts nach § 1 Abs. 2 die kraft gesetzlicher Verpflichtung seinen Familienangehörigen aus den Erzeugnissen des Wirtschaftsbetriebs gewährte Beköstigung gleichgestellt wird (vgl. U. v. 24. Mai 21 II A 248/21 RStBl. 1921, 266).

b) Der Eigenverbrauch des Landwirts ist auch dann umsatzsteuerpflichtig, wenn der Erzeuger die rationierte Verbrauchsmenge überschritten und damit gegen die Vorschriften der Zwangswirtschaft verstoßen hat (U. v. 25. Febr. 21 II A 80/21 n. v.).

Abs. 3.

Vgl. DurchfBest. § 5. (Produktenbörsen.)

X. Versteigerungen (§ 1 Nr. 3).

45. Über Versteigerer und Auftraggeber vgl. zu § 11.

46. § 1 Nr. 3 bezieht sich auf Versteigerungen im Auftrage sowohl von Privatpersonen als auch von gewerblich oder beruflich Tätigen (U. v. 28. Juni 23 V A 146/23 S. 12, 257).

47. Der gewerbsmäßige Versteigerer ist steuerpflichtig nicht nur wegen des Versteigerungserlöses aus Nr. 3, sondern auch wegen seiner Provision aus Nr. 1 (U. v. 22. Juni 23 V A 178/23 n. v.).

48. a) Die Versteigerung auf Antrag des Nachlaßpflegers ist keine Auseinandersetzung unter Miterben (U. v. 5. Juni 22 VI a A 72/22 RStBl. 1922, 280).

b) Die Ausnahmevorschrift zugunsten der Versteigerung unter Miterben greift nur Platz, wenn als Bieter lediglich Miterben zugelassen sind (U. v. 16. April 20 II A 23/20 S. 2, 284).

49. a) Wird die Versteigerung auf Grund einer sie anordnenden einstweiligen Verfügung vorgenommen, so ist sie eine solche im Wege der Zwangsvollstreckung im Sinne des § 1 Nr. 3 (U. v. 28. Juni 23 V A 146/23 S. 12, 157).

b) Eine Versteigerung auf Grund einer Anordnung des Vollstreckungsgerichts nach § 930 Abs. 3 ZPO. gehört zur Zwangsvollstreckung im Sinne von § 1 Nr. 3 (U. v. 21. Febr. 22 V A 304/21 S. 8, 275).

c) Eine durch einen öffentlichen Versteigerer im Auftrage eines Konkursverwalter erfolgte Versteigerung ist nicht einer im Wege der Zwangsvollstreckung ausgeübten Versteigerung gleichzustellen, und zwar auch nicht, wenn nach § 127 KO. verfahren wird (U. v. 10. Jan. 23 VI a A 131/22 StW. 1923, 437).

50. Eine nach Nr. 3 steuerfreie Versteigerung von Grundstücken ist nach Nr. 1 steuerpflichtig, wenn sie im Rahmen der gewerblichen Tätigkeit des Grundstückseigentümers erfolgt (U. v. 12. Febr. 26 V A 323/25 S. 18, 211).

§ 2 [§ 2].

Von der Besteuerung sind ausgenommen:

1. a) (1) Umsätze aus dem Ausland in das Inland, wenn die vom Reichsminister der Finanzen mit Zustimmung des Reichsrats getroffenen Bestimmungen über die Sicherstellung der Herkunft der Gegenstände innegehalten werden. Der Reichsminister der Finanzen bestimmt mit Zustimmung des Reichsrats, inwieweit die dem Zollauslande gleichstehenden Gebiete des Inlandes, der gebundene Verkehr des Zollinlandes und bei zollfreien sowie bei durch das Gesetz vom 17. August 1925 über Zolländerungen (RGBl. I S. 261) zollpflichtig gewordenen Gegenständen besonders bezeichnete sonstige inländische Lager wie das Ausland zu behandeln sind. Das Verbringen der auf dem Meere einschließlich der Dreimeilenzone und im Bodensee erzielten Fänge der Fischerei in das Inland ist der Einfuhr aus dem Ausland gleichzuachten.

   (2) Getreide und Hülsenfrüchte können bei seewärtiger Einfuhr ohne Rücksicht auf ihre Herkunft nach näherer Bestimmung des Reichsrats als aus dem Ausland kommend behandelt werden;

   b) die ersten Umsätze aus dem Ausland eingeführter Gegenstände im Inland, die der Reichsminister der Finanzen nach Anhörung des Reichswirtschaftsrates oder eines von ihm bestimmten Ausschusses und nach Zustimmung des Reichsrats näher bezeichnet, zu denen insbesondere die notwendigen Lebens- und Futtermittel sowie Rohstoffe und Halberzeugnisse gehören sollen, soweit die Umsätze außerhalb des Kleinhandels erfolgen und die vom Reichsminister der Finanzen mit Zustimmung des Reichsrats getroffenen Bestimmungen über die Sicherstellung der Herkunft der Gegenstände innegehalten werden;

   c) (1) Umsätze in das Ausland, wenn die vom Reichsminister der Finanzen mit Zustimmung des Reichsrats getroffenen Bestimmungen über die Sicherstellung der Herkunft und der Bestimmung der Gegenstände innegehalten werden.

(2) Die Lieferung an den ausführenden Unternehmer gilt auch dann nicht als Umsatz in das Ausland, wenn der Lieferer im eigenen oder fremden Namen unmittelbar in das Ausland versendet;

2. Kreditgewährungen und Umsätze von Geldforderungen, insbesondere von Wechseln und Schecken, sowie von Wertpapieren, Anteilen an Gesellschaften und sonstigen Vereinigungen, Banknoten, Papiergeld, Geldsorten und von inländischen amtlichen Wertzeichen;
3. Umsätze von Edelmetallen und Edelmetallegierungen außerhalb des Kleinhandels nach näherer Bestimmung des Reichsministers der Finanzen mit Zustimmung des Reichsrats;
4. Verpachtungen und Vermietungen von Grundstücken und von Berechtigungen, auf welche die Vorschriften des bürgerlichen Rechtes über Grundstücke Anwendung finden, sowie von staatlichen Hoheitsrechten, die sich auf die Nutzungen von Grund und Boden beziehen, mit Ausnahme der Verpachtungen und Vermietungen eingerichteter Räume;
5. Beförderungen im Sinne des Gesetzes über die Besteuerung des Personen- und Güterverkehrs vom 8. April 1917 (Reichs-Gesetzbl. S. 329) mit Ausnahme der im § 3 Nr. 4 und 5 daselbst genannten;
6. Umsätze der im Rennwett- und Lotteriegesetze vom 8. April 1922 (Reichs-Gesetzbl. Teil I S. 393) genannten Gegenstände;
7. Leistungen, soweit sie eine Steuerpflicht nach dem Kapitalverkehrssteuergesetze Teil I (Gesellschaftsteuer) begründen oder soweit für sie Vergütungen im Sinne des § 17 Nr. 4 des Körperschaftsteuergesetzes gewährt werden (Aufsichtsratsteuer);
8. Versicherungen im Sinne des Versicherungssteuergesetzes vom 8. April 1922 (Reichs-Gesetzbl. Teil I S. 400);
9. ärztliche und ähnliche Hilfeleistungen, Arznei-, Heil- und Hilfsmittel, soweit Entgelte dafür von den reichsgesetzlichen Versicherungsträgern, den Krankenkassen der selbständigen Handwerker und Gewerbetreibenden sowie den

Ersatzkassen (§§ 503 ff. der Reichsversicherungsordnung) zu zahlen sind. Dasselbe gilt auch für Heilanstalten und Krankenhäuser, soweit sie das Heilverfahren im Auftrag von reichsgesetzlichen Versicherungsträgern durchführen;

10. Beherbergung, Beköstigung und die üblichen Naturalleistungen, die ein Unternehmer den innerhalb seiner gewerblichen Tätigkeit beschäftigten Angestellten und Arbeitern als Vergütung für die geleisteten Dienste gewährt, einschließlich der innerhalb der gewerblichen Tätigkeit des Unternehmers vollbeschäftigten und der Versicherungspflicht unterstellten Familienangehörigen, sofern dieselben das sechzehnte Lebensjahr überschritten haben;

11. die Gewährung von Beherbergung, Beköstigung und der üblichen Naturalleistungen durch Personen und Anstalten, soweit sie Personen unter achtzehn Jahren für Erziehungs- und Ausbildungszwecke außerhalb des Wohnsitzes der Eltern bei sich aufnehmen;

12. die Entnahme von Gegenständen aus dem eigenen Betriebe zum eigenen Gebrauche (§ 1 Nr. 2), soweit es sich um Erzeugnisse der Kleingartenwirtschaft, der Kleinlandwirtschaft und Kleinviehzucht handelt, wenn diese in der Regel ohne Mithilfe von gegen Entgelt beschäftigten Personen durch Arbeiter, Angestellte, Beamte, Rentenempfänger aus der sozialen Versicherung oder aus der Versorgung der Kriegsbeschädigten und -Hinterbliebenen, durch Pensionäre oder Kleinrentner betrieben werden;

13. Umsätze solcher landwirtschaftlichen Erzeugnisse, die landwirtschaftlichen Arbeitern und Angestellten als Vergütung für die geleisteten Dienste vom Arbeitgeber gewährt wurden (Deputate), und Umsätze der daraus in der Wirtschaft der Arbeiter und Angestellten hergestellten Erzeugnisse, nach näherer Bestimmung des Reichsministers der Finanzen;

14. (1) bei eingetragenen Genossenschaften, die der gemeinschaftlichen Verwertung von Erzeugnissen der Genossen

oder dem gemeinschaftlichen Einkauf von Waren ausschließlich für die Genossen dienen, derjenige Teil des Umsatzes, der als Entgelt für Rücklieferung von Rückständen aus der im Betriebe der Genossenschaft erfolgten Verarbeitung der von den Genossen eingelieferten Erzeugnisse oder als Rückvergütung auf den Kaufpreis der von den Genossen bezogenen Waren auf Grund der Beschlüsse der Generalversammlung für das abgelaufene Geschäftsjahr gewährt wird.

(2) Nach näherer Bestimmung des Reichsministers der Finanzen ist die gleiche Steuerbefreiung durch das Landesfinanzamt auf Antrag Gesellschaften mit beschränkter Haftung zuzugestehen, die Zwecke der im Abs. 1 bezeichneten Art verfolgen, sofern die Gesellschafter sich in ihrer Eigenschaft als Hersteller oder Verbraucher für die gemeinsame Wahrnehmung der von der Gesellschaft mit beschränkter Haftung übernommenen Aufgaben im allgemeinen der Rechtsform der eingetragenen Genossenschaften zu bedienen pflegen. Das gleiche gilt von Gesellschaften mit beschränkter Haftung, deren Gesellschafter ausschließlich oder doch überwiegend im Abs. 1 bezeichnete Genossenschaften oder ihnen gleichgestellte Gesellschaften mit beschränkter Haftung sind. Der Antrag ist spätestens mit Einlegung des Rechtsmittels gegen eine Veranlagung zu stellen. Gegen die Entscheidung des Landesfinanzamts über den Antrag ist die Beschwerde an den Reichsfinanzhof gegeben; der Reichsfinanzhof entscheidet im Beschlußverfahren;

15. die Leistungen der Revisionsverbände gemäß §§ 54 ff. des Genossenschaftsgesetzes.

Sonstige Befreiungen: DurchfBest. § 2 (Blinde), § 3 (Dozenten und wissenschaftliche Vorträge).

Zusammentreffen mit anderen Steuern.

1. Wiewohl § 2 mit auf dem Gedanken beruht, daß Verkehrsvorgänge, die bereits anderweitig besteuert werden, nicht auch zur Umsatzsteuer herangezogen werden sollen, so gilt dieser Satz doch nur für die einzelnen im § 2 Nr. 2 und Nr. 4—8 aufgeführten Fälle. Ein allgemeiner Rechtssatz, daß die Umsatzsteuer beim Zusammentreffen mit anderen Verkehrssteuern nicht zu erheben sei, besteht nicht; ausdrücklich hat das der RFH. hervorgehoben für den Grundstücksübertragungsstempel nach Tarif Nr. 11 des RStemG. und für die an dessen Stelle getretene Grunderwerbssteuer (U. v. 3. März 20 II A 28/20 S. 2, 176 u. v. 17. Juni 21 II A 278/21 S. 6, 76).

Vgl. DurchfBest. §§ 6—18 (Einfuhr, Ausfuhr, Durchfuhr).

Zu Nr. 1.

Umsätze aus dem Ausland (Einfuhr) (Nr. 1 a).

2. Aus der Steuerfreiheit der Einfuhr folgt nicht die Steuerfreiheit der auf ihre Vermittlung gerichteten Tätigkeit des Einfuhragenten (U. v. 10. Nov. 21 V A 102/21 S. 7, 273).

3. Wahrung der Nämlichkeit Wird von einem im Ausland gelegenen Kraftwerk elektrischer Strom an einen inländischen Betrieb geliefert und wird der in Hochspannung über die Reichsgrenze geleitete Strom vor der Abgabe in einer inländischen Transformatorstation, die dem ausländischen Unternehmer gehört, auf eine niedrigere Spannung gebracht, so ist die Befreiungsvorschrift des § 2 Nr. 1 UStG. 1919 unanwendbar (U. v. 23. Mai 24 V A 375/23 S. 14, 25).

4. Aus § 7 DurchfBest. allein kann ein Anspruch, Getreide bei seewärtiger Einfuhr ohne Rücksicht auf seine Herkunft als aus dem Ausland kommend zu behandeln, nicht abgeleitet werden (U. v. 23. Jan. 25 V A 80/24 S. 15, 288).

Erste Umsätze eingeführter Gegenstände (Verlängerte Einfuhr).

5. Erster Umsatz aus dem Auslande eingeführter Gegenstände ist nur der Umsatz des Einfuhrhändlers, nicht der Umsatz dessen, der vom Einfuhrhändler erworben hat, auch wenn dieser Erwerb im steuerfreien Zwischenhandel erfolgt ist (U. v. 22. Jan. 26 V A 8/26 S. 18, 151).

6. Verbringen. a) In dem U. v. 25. Febr. 21 II A 104/21 S. 5, 47 hat der RFH. ausgeführt, daß das Einbringen von Fischen, die auf hoher See gefangen sind, keine Einfuhr aus dem Auslande im Sinne von § 2 Nr. 1 sei. Ob damit ausgesprochen sein soll, die hohe See sei nicht Ausland, ist nicht zweifelsfrei zu erkennen; die Entscheidung läßt sich auch dahin verstehen, daß in dem Einbringen der Fische kein Umsatz zu erblicken sei. Das führt über zu dem Begriff des ersten Umsatzes aus dem Ausland eingeführter Gegenstände. Dieser Begriff setzt voraus, daß dem Umsatz im Inlande ein Umsatz aus dem Auslande, d. h. eine Lieferung aus dem Auslande in das Inland auf Grund eines Veräußerungsgeschäftes vorangegangen ist. Nicht genügt ein bloßes Verbringen der später im Inland umgesetzten Ware aus dem Ausland, wie z. B. seitens einer ausländischen Firma an deren im Inland befindliche Zweigniederlassung (U. v. 24. März 21 II A 31/21 S. 5, 160, U. v. 23 Sept. 25 V A 179/25 RStW 1925, 203; vgl. auch U. v. 10. Jan. 22 II A 528/21 JndMitt. 1922, 88: Selbsthilfeverkauf eingebrachter, nicht abgenommener Waren; vgl. auch zu § 1 Anm. 13). An diesem Erfordernis gebricht es auch bei den auf hoher See von deutschen Fischern gefangenen und ins Inland zum Verkauf gebrachten Fischen (U. v. 18. Okt. 21 V A 66/21 und 105/21 S. 7, 62).

Für jene Begriffsbestimmung ist das Urteil noch von Bedeutung. Praktisch ist das Urteil in seiner Anwendung auf die Hochseefischerei durch die Gesetzesänderung überholt, im übrigen durch B I 2 AusfBest. 1922, jetzt § 9 DurchfBest., in den weitaus meisten Fällen unanwendbar geworden, da darin das bloße Verbringen von Gegenständen ins Inland ihrer Einfuhr gleichgestellt worden ist.

b) In jenem Urteil ist die Folgerung gezogen, daß § 11 Abs. 4 S. 2 Halbs. 2 der AusfBest. zum Umsatzsteuergesetz von 1918, der das bloße Verbringen aus dem Auslande der Einfuhr gleichstellte, rechtsirrig und für die Steuergerichte unverbindlich ist. Gegenüber dem § 11 AusfBest. 1922, jetzt § 9 des DurchfBest., ist das nicht mehr haltbar; die Abschwächungen sind durch § 108 Abs. 2 AO. gedeckt.

Daher hat das U. v. 4. Jan. 22 V A 22/21 S. 7, 348 (wenn eine ausländische Firma von ihr ins Inland gesandte, aber vom Empfänger nicht abgenommene Ware im Wege des Selbsthilfeverkaufs nach § 373 HGB. versteigern läßt, greift die Befreiungsvorschrift zugunsten erster Umsätze eingeführter Gegenstände nicht ein, denn die Ware ist nicht ins Inland geliefert worden) nur noch in den seltenen Fällen Bedeutung, wo § 9 DurchfBest. nichts Abweichendes vorschreibt.

c) Da der Kommissionär durchweg für die USt. dem Zwischenhändler gleichgestellt wird, sind Weiterlieferungen des Einfuhrkommissionärs umsatzsteuerfrei wie erste Umsätze eingeführter Gegenstände im Inland (U. v. 17. Mai 21 II A 204/21 S. 6, 6). Ebenso RGStr. 7. Juli 25 E 59, 282. Das gilt auch in Ansehung der Provision (G. v. 28. April 25 V D 3/25 S. 16, 66).

7. Kleinhandel. a) § 2 Nr. 1c faßt den Begriff „Kleinhandel" wie der bisherige § 22 des Gesetzes auf. Soweit § 11 B II AusfBest. und jetzt § 10 DurchfBest. etwas Anderes vorschreiben, gilt das nicht für die Zeit vor ihrer Bekanntmachung (U. v. 23. April 23 V A 580/22 n. v.).

b) Erster Umsatz nach der Einfuhr in Form einer Versteigerung ist steuerfrei, wenn der Erwerber (Steigerer) die Ware zur gewerblichen Weiterveräußerung erwirbt (U. v. 24. Jan. 22 V A 282/21 S. 8, 157).

c) Die Belieferung ausländischer Schiffe im Kaiser-Wilhelm-Kanal mit eingeführten Bunkerkohlen erfolgt nicht außerhalb des Kleinhandels und ist daher umsatzsteuerpflichtig (U. v. 20. April 23 V A 580/22) — überholt durch § 11 B II AusfBest. 1922, jetzt § 10 DurchfBest.

8. Die im Inland umgesetzten Gegenstände müssen dieselben Gegenstände sein, die eingeführt worden sind. § 1 Z. 1 Abs. 2 der AusfBest. zum UStG. v. 1918 bestimmt, ebenso wie jetzt § 11 DurchfBest., daß die Umsatzsteuerfreiheit eingeführter Gegenstände wegfällt, wenn der eingeführte Gegenstand eine Bearbeitung oder Verarbeitung erfahren hat, die über Reinigen, Sortieren oder Verpacken hinausgeht. Ob diese Bestimmung auf Grund der im § 2 Nr. 1 dem Bundesrat, jetzt dem Reichsrat, erteilten Ermächtigung getroffen werden könnte, hat der RFH. dahingestellt sein lassen (5. Jan. 23 V A 548 RStBl. 1923, 48). Er hat aber ausgesprochen, daß ihr Inhalt den Sinn des Gesetzes zutreffend wiedergibt, da ein Gegenstand, der vor der Weiterveräußerung verarbeitet oder bearbeitet wird, nicht mehr der frühere Gegenstand, sondern ein neues Erzeugnis ist, das nicht mehr umsatzsteuerfrei im Inland umgesetzt werden kann (U. v. 24. März 21 II A 31/21 S. 5, 160 (bearbeitete Seidenkokons);

U. v. 22. März 22 V A 175/21 StW. 1922 Nr. 836 (gemahlener Pfeffer), 5. Januar 23 V A 548 RStBl. 1923, 48 (Vermahlung von Thomasschlacke zu Thomasmehl), 20. April 1923 V A 80/23 n. v. (Merzerisieren von Seide). Dagegen hindert die Vermischung verschiedener eingeführter Obstarten die Steuerfreiheit der verlängerten Einfuhr nicht (U. v. 12. März 26 V A 284/25 RStW. 1926, 166). Vgl. auch Anm. 3, ferner zu § 7 Anm. 2.

Auf Grund eines Lohn- und Agenturvertrags einer inländischen Firma mit einer ausländischen Firma über die Bearbeitung und den Vertrieb ausländischer Waren besteht die Umsatzsteuerpflicht grundsätzlich für die Umsätze der eingeführten und bearbeiteten Waren und nicht nur für den Werklohn und für die Verkaufsprovision, es sei denn, daß die Bearbeitung nicht zu einer Änderung der Wesensart der eingeführten Gegenstände führt. Die inländische Firma haftet nach § 89 AO. 24. Okt. 24 V A 53/24 RStBl. 1925, 7.

Umsätze in das Ausland (Ausfuhr) (Nr. 1c).

9. Die jetzige Fassung von Nr. 1c stellt zweifelsfrei fest, daß unter Umsatz ins Ausland nur die Lieferung von Gegenständen zu verstehen ist, nicht die Bewirkung anderer Leistungen. Das frühere Gesetz war allerdings bereits in gleichem Sinne vom RFH. ausgelegt worden. Demgemäß waren für umsatzsteuerpflichtig erachtet worden die Verleihung von Eisenbahnwagen in das Ausland (U. v. 16. April 20 II A 55/20 DJZ. 1920, 592), ferner die Vornahme von Schiffsklassifikationen, die von einem deutschen Unternehmen derart ausgeführt werden, daß die erforderlichen Vermessungsarbeiten im Ausland geschehen, während der Meßbrief im Inland erteilt, das Entgelt dagegen wiederum im Ausland von dem dort befindlichen Angestellten des inländischen Unternehmens eingezogen wird (U. v. 8. April 20 II A 111/20 S. 2, 240), endlich die Dienstleistungen inländischer Agenten für ausländische Firmen (U. v. 17. Mai 21 II A 204/21 S. 6, 6), die Vermittlungen ausländischer Versicherungen (U. v. 24. Jan. 22 V A 36/21 RStBl. 1922, 238).

Deshalb stellt die Lohnfärberei im aktiven Veredelungsverkehre (Veredelung im Inland) keinen Umsatz in das Ausland dar (U. v. 5. Dez. 22 V A 491/22 S. 11, 210). — Vgl. jetzt § 13 Abs. 3, § 16 DurchfBest.

Dagegen hebt bei der Überlassung der Lizenz zur Vorführung eines Bildstreifens neben der Überlassung des Bildstreifens selbst die Umsatzsteuerfreiheit nicht auf (U. v. 5. März 26 V A 20/26 S. 18, 292).

10. Die Versendung des Versicherungsscheins ins Ausland fällt nicht unter § 2 Nr. 1c. U. v. 24. Jan. 22 V A 36/21 RStBl. 1922, 238.

11. Zwangslieferungen ins Ausland (U. v. 14. Dez. 23 V A 328/23 DJZ. 1924, 553).

12. Ein Umsatz in das Ausland wird dann angenommen, wenn die Verfügungsmacht über den Lieferungsgegenstand erst im Ausland auf den Erwerber übergeht, wenn also die Versendung der Ware in das Ausland Gegenstand der Lieferungsverpflichtung des Verkäufers ist. Erlangt der Erwerber die Verfügungsmacht über den Gegenstand bereits im Inland, so liegt keine Lieferung ins Ausland vor; daß der Gegenstand für das Ausland bestimmt ist, ist einflußlos, ebensowenig ist von Bedeutung, wo der Erwerber zur Zeit des Kaufes sich aufhält und ob der Lieferungsvertrag im Inland oder im Ausland abgeschlossen wird (U. v. 4. Febr. 21 II A 43/21 RStBl. 1921, 135; v. 20. Sept. 21 II A 237/21 RStBl. 1921, 380; v. 28. April 22 V A 165/22 RStBl. 1922, 279). Demgemäß ist keine Lieferung ins Ausland angenommen worden in Fällen, wo ein an einen Holländer verkauftes Motorboot dem Vertreter des Käufers in Berlin übergeben wurde (U. v. 4. Febr. 21 II A 43/21 RStBl. 1921, 135), ebensowenig beim Verkauf von Bunkerkohle, die holländische Dampfer auf dem Rhein im deutschen Gebiet für ihren Bedarf an Bord nehmen (U. v. 17. Juni 21 II A 300/21 S. 6, 106), auch nicht bei Übergang der Verfügungsmacht beim deutschen Grenzzollamt auf deutschem Boden (U. v. 26. März 23 V A 593/22 n. v. und v. 8. April 22 VI e A 117/22 n. v.); Lieferung ans Schiff im deutschen Hafen (U. v. 28. Juni 22 IV e A 40/22 n. v.). Vgl. aber jetzt wegen der Lieferung an den inländischen Spediteur des ausländischen Erwerbes § 15 DurchfBest.

Auch wenn ein Kraftfahrzeug vom Lieferer auf Grund des Veräußerungsvertrags im Ausland zu liefern war, aber auf Grund einer vom Abnehmer erwirkten einstweiligen Verfügung dem Abnehmer im Inland übergeben worden ist, liegt Lieferung im Inlande vor (U. v. 28. März 22 V A 215/21 n. v.). Ebenso, wenn ausländische Schiffe im Inland repariert und hier abgenommen werden (U. v. 18. Okt. 22 V A 72/22 (n. v.).

13. In einem Falle, wo ein in Deutschland wohnhafter Privatmann an einen vorübergehend sich in Deutschland aufhaltenden, in Madrid wohnhaften Deutschen während dessen Aufenthalts in Deutschland ein Klavier mit der Abrede verkauft hat, daß der Käufer das Klavier durch seinen Spediteur zum Transport nach Madrid abholen lassen solle (U. v. 7. Juni 21 II A 272/21, S. 6, 44), war nach dem Grundsatz unter 12 die Umsatzsteuerpflicht angenommen worden. Jetzt greift für solche Fälle § 5 DurchfBest. ein.

14. Wenn der Reichsminister der Finanzen in einem Erlasse vom 28. Sept. 20 III U 7599 ausgesprochen hat, daß im Inland von Ausländern gekaufte Kraftfahrzeuge umsatzsteuerfrei vom Ausländer selbst über bestimmte Zollstellen ins Ausland gefahren werden dürfen, so beruht das auf Billigkeitserwägungen, nicht auf Rechtsgründen (U. v. 28. Dez. 20 II A 241/20 RStBl. 1921, 105, v. 11. Jan. 22 V A 126/21 S. 8, 45).

15. Da die Bestimmung der Ware für das Ausland zur Anwendung der Befreiungsvorschrift nicht genügt, waren schon bisher Umsätze des inländischen Erzeugers an den inländischen Ausfuhrhändler nicht umsatzsteuerfrei (U. v. 28. Juli 20 II A 157/20 S. 3, 219); nunmehr folgt das ohne weiteres aus der Fassung von Nr. 1 c. Damit hat das Urteil des RFH. v. 17. Juni 21 II A 120/21 S. 6, 129 seine Bedeutung verloren, wonach Umsatzsteuerfreiheit eintrat, wenn der inländische Erzeuger die Ware auf Weisung des inländischen Ausfuhrhändlers unmittelbar an dessen ausländischen Kunden lieferte; ebenso das U. v. 26. Sept. 22 V A 449/22 S. 10, 216. Ebensowenig können jetzt die dem Kohlensyndikat, dem Roheisenverband und dem Stahlwerksverbande angehörenden Zechen, Werke usw. Umsatzsteuerfreiheit wegen der Lieferungen beanspruchen, die sie für die Verbände ins Ausland dergestalt ausführen, daß sie die Erzeugnisse im eigenen Namen versenden; vgl. G. v. 8. Juli 21 II D 1/21 S. 6, 126.

16. Maßgebend für die Anwendung der Befreiungsvorschrift ist, daß zur Zeit der Lieferung der Empfangsort einem ausländischen Staat angehört. Ist in ein Gebiet geliefert worden, das erst nach der Lieferung zufolge des Friedensvertrages aus dem Reichsverband ausgeschieden ist, so greift die Befreiung nicht Platz, auch wenn das Entgelt erst nach dem Ausscheiden jenes Gebietes vereinnahmt worden ist (U. v. 6. April 1922 V A 54/22 DStBl. 4, 485).

17. Sicherungsmaßnahmen. Über die zu § 2 Nr. 1 in den bisherigen AusfBest. als Sicherungsmaßnahme vorgesehene Buchführungspflicht liegen zwei Entscheidungen vor. Die in § 1 Nr. 2 Abs. 4 AusfBest. f. 1918 vorgeschriebene Buchführung muß, wenn auch nicht die Führung eines besonderen Buches verlangt wird, doch so eingerichtet sein, daß sie über die Voraussetzungen der Steuerbefreiung Aufschluß gibt, ohne daß es zu diesem Zweck noch der Einsicht weiterer Belege bedarf (U. v. 18. Febr. 21 II A 77/21 S. 5, 28). In einem Urteil v. 11. März 21 II A 129/21 S. 5, 87 ist das dahin abgeschwächt, daß auch die Nachprüfbarkeit an der Hand von Belegen zugelassen wird, sofern es nicht umfangreicher und zeitraubender Zusammenstellungen bedarf. Diese Grundsätze werden auch für § 12 DurchfBest. Geltung beanspruchen.

18. Nachträglich angelegte Bücher erbringen den Nachweis nicht: U. v. 7. Nov. 22 V A 289/22 n. v.

19. Über die Inlandseigenschaft eines Freihafengebiets und eines Gesandtschaftsgebäudes vgl. zu § 1 Anm. 14.

Zu Nr. 2.

20. § 2 Nr. 2 hat, wie entgegen einer mißverstandenen Bemerkung in der Begründung des Gesetzentwurfs von 1919 hervorzuheben ist, nicht die Bedeutung einer allgemeinen Befreiung bankmäßiger Geschäfte von der Umsatzsteuer. Auch Banken sind nur für die in Nr. 2 aufgeführten Umsätze besonderer Art umsatzsteuerfrei. Umsatzsteuerpflichtig sind insbesondere bei ihnen das entgeltliche gewerbsmäßige Inkasso von Wechseln, Anweisungen, Schecks, Effekten, Rechnungen und Quittungen im Namen und für Rechnung der Berechtigten als Dienstleistung für die Auftraggeber, das entgeltliche, gewerbsmäßige Effekten-Depot-Geschäft, die Vermietung zimmerartiger mit eingebauten Schränken und Gestellen, wennschon ohne Schließfächer, versehener Tresors (U. v. 20. Sept. 21 II A 247/21 S. 6, 337).

21. Die ihrer Währungseigenschaft entkleideten deutschen Gold- und Silbermünzen stellen nicht mehr Geldsorten im Sinne von Nr. 2 dar, sondern stehen den Edelmetallen im Sinne von Nr. 3 gleich, sie sind Teile von Edelmetallen mit einem amtlichen Aufdruck ihres Feingehaltes und ihres Gewichts; die Vorschrift unter Nr. 2 ist daher für sie unanwendbar.

22. Die Veräußerung von Geschäftsanteilen einer G. m. b. H. ist auch dann umsatzsteuerfrei, wenn sie lediglich die Auflassung eines Grundstückes ersetzen soll (U. v. 16. Juli 20 II A 187/20 S. 3, 212).

23. Die Befriedigung durch Pfandversteigerung fällt nicht unter § 2 Nr. 2 (U. v. 30. Juni 24 Gr.S. 1/24 S. 14, 54).

Der Empfang eines baren Darlehens wird durch die Übergabe einer beweglichen Sache als Pfand nicht umsatzsteuerpflichtig (U. v. 26. Febr. 1926 V A 29/26 RStBl. 1926, 151).

Zu Nr. 3.

24. Wegen des Umsatzes der Reichsgold- und Silbermünzen, der grundsätzlich der Vorschrift in Nr. 3 zu unterstellen ist, hat sich der RFH. in einem G. v. 31. Jan. 22 V D 1/21 S. 8, 100 folgendermaßen geäußert:

a) Die gewöhnliche Umsatzsteuer ist bei dem Umsatz von Reichsgold- und Reichssilbermünzen nur zu erheben, wenn Münzen dieser Art innerhalb eines gewerblichen Betriebs außerhalb des Kleinhandels im Sinne des bisherigen § 22 ihres Sammelwertes wegen oder als Antiquitäten — und zwar in der Regel zu einem ihren Gold- und Silberwert übersteigenden Werte — umgesetzt werden.

b) Alle anderen Fälle — es sind dies die Fälle, wo die Reichsgold- und Reichssilbermünzen ihres Gold- und Silbergehalts wegen umgesetzt werden — sind, einerlei ob der Umsatz innerhalb oder außerhalb eines gewerblichen Betriebs erfolgt, steuerfrei. Die Befreiung tritt aber nur ein, wenn der Umsatz außerhalb des Kleinhandels erfolgt; das ist nur dann der Fall, wenn die Münzen zur gewerblichen Weiterveräußerung erworben werden und die Vorschriften über das Vorhandensein und die Vorlegung einer Wiederveräußerungsbescheinigung des Erwerbers befolgt werden.

c) Die Erlasse des Reichsministers der Finanzen, nach denen gewisse Banken beim Erwerbe von Reichsgold- und Reichssilbermünzen der Wiederveräußererbescheinigung nicht bedürfen, binden zwar die Finanzämter und die Landesfinanzämter, aber nicht die Steuergerichte.

Jetzt gilt § 19 DurchfBest.

25. Die Hingabe von Gold zur Herstellung von Blattgold fällt, weil für die Umsatzsteuer als Werkvertrag anzusehen, nicht unter die Befreiungsvorschrift; U. v. 6. Febr. 25 II A 8/25 S. 15, 280. Vgl. Anm. 3 a zu § 6.

Zu Nr. 4.

26. Die Befreiungsvorschrift greift auch Platz, wenn die Verpachtung oder Vermietung von Personen vorgenommen wird, die wegen ihrer sonstigen Betätigung dem § 1 Nr. 1 unterfallen, so wenn ein gewerbsmäßiger Grundstückshändler seine Grundstücke zwischen Kauf und Verkauf durch Verpachtung oder Vermietung nutzt (U. v. 24. Mai 21 II A 250/21 S. 6, 12).

Sie berührt nicht die Steuerpflicht des Pächters bei Naturalpacht (U. v. 20. Febr. 25 V A 86/24 S. 15, 330).

27. a) Als umsatzsteuerfreie Verpachtung von Wiesen, nicht als Verkauf des Grases, ist die Überlassung der Grasgewinnung von Wiesen in einem Falle angesehen worden, wo dem auf die Grasgewinnung Berechtigten die Pflege der Wiese freistand; demgemäß ist diese Überlassung der Befreiungsvorschrift unterstellt worden (U. v. 18. Juni 21 II A 382/20 S. 6, 123).

b) Grasgewinnungsverträge, durch die der Leistungsverpflichtete dem Leistungsberechtigten die Nutzung von Gras auf dem Halm, aber nicht den Gebrauch der Wiesen einräumt, sind keine Pacht-, sondern Kaufverträge und daher umsatzsteuerpflichtig (U. v. 11. Juli 22 V A 184/22 S. 10, 95).

c) Versteigerung der Ernte der an den Straßen unterhaltenen Obstpflanzungen ist auch dann kein steuerfreier Pachtvertrag, wenn der Ersteher schon für eine gewisse Zeit vor der Ernte die Obhut der Obstbäume zu übernehmen hat (U. v. 20. Mai 26 V A 259/26 (zur amtl. Veröff. bestimmt).

d) Der RFH. ist der neueren Ansicht des Reichsgerichts beigetreten, wonach die sog. Ausbeuteverträge, in denen der Eigentümer des Grundstücks einem anderen schuldrechtliche Befugnisse zum Abbau und zur Gewinnung von Torf, Kohlen, Kies oder anderen Mineralien einräumt, in der Regel als Pachtverträge zu behandeln sind (U. v. 11. Okt. 22 V A 385/22 S. 10, 260). Ebenso für die Überlassung der Gewinnung von Erdöl (U. v. 23. April 26 V A 135/26 n. v.).

28. Ein Vertrag, wonach ein Hüttenwerk den gesamten Betrieb einer Kohlenzeche gegen festes Entgelt übernimmt, ohne die rechtliche Selbständigkeit der die Hütte betreibenden Gesellschaft einzuschränken, ist als umsatzsteuerfreier Pachtvertrag angesehen worden; eine Lieferung von Bodenerzeugnissen seitens der die Zeche betreibenden Gesellschaft an die die Hütte betreibende Gesellschaft findet nicht statt, da die Hütte die Erzeugnisse durch die Organe und Angestellten der Zeche originär mit der Förderung erwirbt (U. v. 28. Febr. 22 V A 61/21 RStBl. 1922, 191; ferner U. v. 28. Nov. 24 V A 73/24 S. 15, 116).

29. a) Nach Reichsrecht ist der Pachtvertrag über eine Privatbahn als Verpachtung eines gewerblichen Betriebs gemäß § 1 Nr. 1 steuerpflichtig, soweit nicht einzelne Bestandteile des Betriebs als Grundstücke nach § 2 Nr. 4 a. a. O. von der Besteuerung ausgenommen sind.

b) Der Pachtvertrag über eine landesrechtliche Bahneinheit ist als Verpachtung eines grundstückähnlichen Rechtes nach § 2 Nr. 4 steuerfrei (G. v. 4. April 24 V D 3/24 S. 13, 298).

30. Ein umsatzsteuerfreier Pachtvertrag verliert nicht dadurch seinen Charakter als solcher, daß der Verpächter vor der Verpachtung durch Bearbeitung und Düngung des Bodens Arbeiten ausführt, für die er sich später durch höhere Bemessung des Pachtzinses schadlos hält (U. v. 16. März 23 V A 552/22 S. 12, 14).

31. Unterpachtverträge sind im Sinne des § 2 Nr. 4 als Pachtverträge zu behandeln (U. v. 11. Okt. 22 V A 385/22 S. 10, 260).

32. Das Jagdrecht fällt nicht unter Nr. 4. Seine Verpachtung ist in Preußen umsatzsteuerpflichtig (U. v. 12. Febr. 26 V A 57/26 S. 18, 201).

33. Die Vermietung von Fabrikräumen und die Angabe von elektrischer Kraft zu dem in ihnen auszuübenden Fabrikationsbetriebe sind Leistungen, die in den zwischen den Parteien abgeschlossenen Verträgen wohl äußerlich miteinander verbunden werden können, die aber auch getrennt bewirkt werden können. Derartige Leistungen sind für Zwecke der Umsatzbesteuerung je als selbständige Leistungen anzusehen, so daß die Abgabe der Kraft umsatzsteuerpflichtig ist (U. v. 28. April 25 V A 56/25, DStZ. 1925, 566).

34. a) Eine entgeltliche, nachhaltige Vermietung von möblierten Zimmern unterliegt, auch wenn sie durch Privatpersonen erfolgt, der allgemeinen Umsatzsteuer (U. v. 18. Jan. 22 V A 294/21 S. 8, 121).

b) Eine Vermietung eingerichteter Räume liegt dann vor, wenn die Räume zu einem ihrer Zweckbestimmung entsprechenden Gebrauch einer besonderen Beschaffenheit bedürfen und so eingerichtet oder ausgestattet sind, daß sie der Mieter zu dem Zwecke, zu dem sie vermietet sind, ohne weiteres benutzen kann; die Einrichtung oder Ausstattung kann, wie z. B. bei Kühlräumen, auf das geringste Maß beschränkt sein (U. v. 21. Mai 20 II A 154/20 S. 3, 1).

c) Unter eingerichteten Räumen im Sinne des § 2 Nr. 4 sind in erster Linie Wohnräume zu verstehen, jedenfalls ist eine Umbauung vorauszusetzen. Die Trainierbahn eines Rennvereins ist kein eingerichteter Raum, auch wenn sie ihrer Zweckbestimmung entsprechend besonders eingerichtet ist (U. v. 9. Juli 23 V A 433/22 RStBl. 1923, 384).

d) Die Vermietung von fischindustriellen Räumen, die mit eingebauten Räucheröfen, zum Teil auch mit Bratpfannen und Pöckelbecken ausgestattet sind, ist als Vermietung eingerichteter Räume nach § 2 Nr. 4 umsatzsteuerpflichtig (U. v. 9. Febr. 23 V A 545/22 n. v.).

e) Weitere Beispiele: Zu einem Lichtspieltheater eingerichtete Räume (U. v. 9. Juli 19 II A 90/19 S. 1 A, 141), Schankwirtschaftsräume, die mit Ausschankvorrichtung, Tischen und Stühlen versehen, aber nicht mit dem sog. kleinen Inventar (Geschirr und Bestecke) ausgestattet sind (U. v. 28. Dez. 20 II A 350/20 S. 4, 183), zimmerartige, mit eingebauten Schränken und Gestellen, wennschon ohne Schließfächer versehene Tresors U. v. 20. Sept. 21 II A 247/21 S. 6, 337), Verkaufsstände einer Markthalle (U. v. 5. Febr. 26 V A 24/26 RStBl. 1926, 150).

Zu Nr. 5.

Vgl. DurchfBest. § 20. (Beförderungen.)

35. Die Befreiungsvorschrift greift Platz, wenn nur die Beförderung eine solche im Sinne des Gesetzes über die Besteuerung des Personen- und Güterverkehrs vom 8. April 1917 ist, ohne Rücksicht darauf, ob sie nach diesem Gesetz von der Beförderungssteuer befreit ist (U. v. 3. Nov. 21 V A 20/21 n. v.).

36. Dadurch, daß ein Unternehmen wegen der seinen Gegenstand bildenden Beförderungen der Befreiungsvorschrift unter Ziffer 5 unterfällt, rechtfertigt sich nicht die Freilassung etwaiger nicht von dieser Befreiungsvorschrift betroffener Nebenbetriebe wie z. B. des Kantinenbetriebs einer Straßenbahn (U. v. 18. Febr. 21 V A 90/21 RStBl. 1921, 174).

37. Die von einer Hafenbetriebsgesellschaft erhobenen Entgelte für die Benutzung der Umschlagseinrichtungen (Kran-, Wiege-, Hafen-, Ufergebühren) sind keine Gegenleistungen für eine Beförderung im Sinne des BefStG.; sie sind daher umsatzsteuerpflichtig (U. v. 23. Mai 22 V A 271/21 StA. 1922, 207).

38. Kanalabgaben, die ein Schiffahrtsunternehmen sich von seinen Kunden erstatten läßt, gehören als Spesen zu den Kosten der Beförderung und sind daher umsatzsteuerfrei, auch wenn sie neben dem verkehrssteuerpflichtigen Beförderungspreis in Rechnung gestellt werden (U. v. 31. Mai 22 V A 265/21 S. 10, 74).

39. Vermietung von Flußschiffen an einen Beförderungsunternehmer fällt nicht unter die Befreiungsvorschrift in § 2 Nr. 5. U. v. 22. Juni 23 V A 217/23 S. 12, 287.

Ebenso ist ein Eisenbahnkraftwagen-Verkehrsunternehmen nicht von der Umsatzsteuer befreit für die Beförderungen, die es auf Grund eines Vertrags mit der Reichsbahn als deren Erfüllungsgehilfe ausführt (U. v. 11. Dez. 25 V A 108/25 S. 18, 55).

40. Schließt ein verkehrssteuerpflichtiger Betriebsunternehmer (Verfrachter) zur Ausführung des Schleppens einen Vertrag mit einem Schleppunternehmer, so ist dieser wegen des Entgelts umsatzsteuerpflichtig, das er für die Schleppleistung als Erfüllungsgehilfe des verkehrssteuerpflichtigen Betriebsunternehmers bezieht. Nach § 2 Nr. 5 sind nur jene Entgelte von der Umsatzsteuer befreit, die für eine Tätigkeit gezahlt werden, die unmittelbar auf die Beförderung von Personen oder Frachtgütern gerichtet ist. Ein durch Anhängen an einen Schlepper fortbewegter Schiffskörper ist nur dann unter die „Güter" im Sinne des Beförderungsteuergesetzes zu rechnen, wenn er selbst den Gegenstand des Beförderungsvertrags bildet, nicht aber, wenn er als Beförderungsmittel für die zu befördernden Personen oder Güter dient (U. v. 23. März 23 V A 74/23 S. 12, 40).

41. Von der Übernahme der Beförderung ist zu unterscheiden die Übertragung des Anspruchs auf Beförderung, der in dem Verkauf einer Fahrkarte einer ausländischen Schiffahrtsgesellschaft im Namen des deutschen Verkäufers liegt. Ein derartiger Umsatz unterfällt nicht der Befreiungsvorschrift (U. v. 3. Nov. 21 V A 20/21 n. v.).

Zu Nr. 6.

42. Die Provisionen der Lotteriekollekteure sind umsatzsteuerpflichtig, wenn der Kollekteur Agent ist. Ist er dagegen Kommissionär, so wird er wie ein Zwischenhändler behandelt. Ihm kommt also dann die Befreiungsvorschrift beim Absatz der Lose zugute; ebensowenig hat er die Provision zu versteuern (U. v. 15. April 21 II A 19/21 RStBl. 1921, 250).

Wegen der staatlichen Lotterieeinnahmen vgl. Anm. 24a zu § 1.

Zu Nr. 7.

43. Vgl. für das bisherige Recht das zum gleichen Ergebnis gelangende U. v. 17. Febr. 25 V A 82/24 S. 16, 70.

Zu Nr. 8.

44. Vermittelung von Versicherungen ist nicht steuerfrei (U. v. 24. Jan. 22 V A 36/21 n. v.).

Zu Nr. 9.

Vgl. DurchfBest. § 21. (Versicherungsträger.)

45. Unter ärztlichen und ähnlichen Hilfeleistungen an Krankenkassen im Sinne von § 2 Nr. 9 sind nur die Behandlung der Kranken durch Ärzte und das ärztliche Hilfspersonal und ähnliche persönliche Leistungen auf Grund besonderer Fachkunde im Sinne von § 122 RVersO., nicht aber die Beherbergung und Beköstigung der Kranken in Kranken- und Heilanstalten zu verstehen. (U. v. 30. Juni 22 V A 270/21 S. 10, 181). Im übrigen ist das Urteil durch die erweiterte Fassung vom § 2 Nr. 9 (Ausdehnung auf alle nichtrechtlichen Versicherungsträger) überholt.

46. Fabriken, die zur Krankenpflege dienende Heilmittel (Verbandstoff u. dgl.) unmittelbar den Krankenkassen liefern, bleiben im Rahmen der Nr. 9 umsatzsteuerfrei (U. v. 5. Febr. 26 V A 343/25 S. 18, 176).

Zu Nr. 10.

47. Das G. v. 29. Nov. 21 V D 2/21 S. 8, 75, das sich mit dem Begriff der unterhaltsberechtigten Familienangehörigen beschäftigt, ist schon durch die Novelle von 1922 überholt.

Die Lieferung von Brot durch die Genossenschaftsbäckerei an die Genossen ist nicht deshalb umsatzsteuerfrei, weil die Genossen das Brot ihren Dominialarbeitern als Deputat zukommen lassen (U. v. 19. Febr. 26 V A 89/26 RStBl. 1926, 151).

Zu Nr. 11.

Vgl. DurchfBest. § 22. (Beherbergung, Beköstigung und Naturalleistungen zu Zwecken der Erziehung und Ausbildung.)

Zu Nr. 14.

Vgl. DurchfBest. § 23. (Genossenschaften.)

48. Eine erst auf Grund des Beschlusses der Generalversammlung eines Konsumvereins für das abgelaufene Geschäftsjahr den Mitgliedern gutgeschriebene Umsatz-(Einkaufs-)Dividende war auch nach dem bisherigen Rechte als steuerfreie Rückvergütung auf den Kaufpreis der durch die Genossen bezogenen Waren anzusehen, wenn sie nach diesem Verhältnis, nicht nach den Geschäftsanteilen gewährt wird (U. v. 11. Juli 22 V A 66/22 RStBl. 1922, 253).

49. Steuerbefreiung kann einer G. m. b. H., die eine Zuckerfabrik betreibt, nicht zugestanden werden, wenn sie nicht ausschließlich für ihre Gesellschafter, sondern gleichzeitig für Dritte die Verarbeitung und den Vertrieb von Rüben besorgt (U. v. 23. Mai 22 V B 292/21 DStBl. 4, 532).

50. § 2 Nr. 14 will lediglich die Steuerfreiheit der Genossenschaften wegen der dort erwähnten Art von Umsätzen klarstellen, ohne der Entscheidung der Steuerpflicht im übrigen vorzugreifen (U. v. 8. Mai 25 V A 87/25 S. 16, 195).

51. Die Steuerbefreiung ist gegeben, wenn über die Rückvergütung die Generalversammlung beschlossen hat, auch wenn die Rückvergütung nicht in einem späteren Steuerabschnitt erfolgt (U. v. 12. Febr. 26 V A 313/25 S. 18, 213).

Zu Nr. 15.

52. Durch die neue Vorschrift ist der entgegenstehende B. v. 16. Sept. 21 I B 107/21 RStBl. 1922, 87 erledigt.

§ 3 [§ 3].

Von der Steuer sind befreit:

1. Reich und Länder wegen des Post-, Telegraphen- und Fernsprechverkehrs sowie Beförderungsunternehmungen

wegen der auf Gesetz beruhenden Leistungen für diesen Verkehr;

2. Reich, Länder, Gemeinden und Gemeindeverbände wegen der Schlachthöfe, Gas-, Elektrizitäts- und Wasserwerke;
3. Unternehmen oder einzelne Zweige von Unternehmen, deren Zwecke ausschließlich gemeinnützig oder wohltätig sind, wegen solcher Umsätze, die diesen Zwecken unmittelbar dienen und bei denen die Entgelte hinter den durchschnittlich für gleichartige Leistungen von Erwerbsunternehmungen verlangten Entgelten zurückbleiben;
4. nicht öffentliche Schulen und Erziehungsanstalten, die der staatlichen Aufsicht unterliegen und ihren Betrieb nur mit Zuschüssen aus öffentlichen Mitteln, Stiftungen oder aus staatlich genehmigten Sammlungen aufrecht erhalten können.
5. Privatgelehrte, Künstler und Schriftsteller, sofern die steuerpflichtigen Umsätze im Steuerabschnitte den Betrag von 6000 Reichsmark nicht übersteigen;
6. Handlungsagenten und Makler, sofern sie Bücher führen und die steuerpflichtigen Umsätze im Steuerabschnitte den Betrag von 6000 Reichsmark nicht übersteigen.

Zu Nr. 1.

Vgl. DurchfBest. § 24 u. 25. (Befreiung von Unternehmen öffentlich-rechtlicher Körperschaften, Post-, Telegraphen- und Fernsprechverkehr sowie Beförderungsunternehmen für diesen Verkehr.)

1. a) Die Urteile des RFH. v. 17. März 20 S. 2, 215 Funkentelegraphengesellschaft) und v. 17. März 20 II A 359/19 S. 2, 216 (Posthalter) haben sich bereits durch die veränderte Fassung im Gesetz von 1919 erledigt. Beide Betriebe sind jetzt nach dem Gesetze umsatzsteuerpflichtig. Noch von Bedeutung ist das G. v. 17. Dez. 20 II D 9/20 S. 4, 92, wonach der Erlös, der durch die Verwertung unanbringlicher Postsendungen oder von Gegenständen, die aus Postsendungen herrühren, bei Versteigerungen durch die Postverwaltung erzielt wird, nicht umsatzsteuerpflichtig ist, weil zur Abwickelung des Beförderungsvertrages, also zum Beförderungsbetrieb gehörig, während die Einnahmen der Reichspostverwaltung und der Reichsverkehrsverwaltung aus Grundstücksverkäufen nach eben diesem Gutachten umsatzsteuerpflichtig sind.

b) Umsatzsteuerpflichtig ist die Vergütung, die die Teilnehmer am Rundfunk an die Reichspostverwaltung abführen (G. v. 8. Juli 25 V D 2/25 S. 17, 73).

Zu Nr. 2.

DurchfBest. § 26—28. (Schlacht- und Viehhöfe und ähnliche Anstalten; Gas-, Elektrizitäts- und Wasserwerke; Reichsgesetzblatt, Gesetzsammlungen und Amtsblätter.)

2. Die Befreiungsvorschrift greift nicht Platz für Eisverkäufe, die von gemeindlichen Schlachthöfen an Fleischer zum Zwecke der Erhaltung des von ihnen aus dem Schlachthof verbrachten Fleisches erfolgen (U. v. 23. Mai 22 V A 12/22 n. v.).

3. Die Bestimmung im § 8 Abs. 1 AusfBest., jetzt § 27 DurchfBest., über die Befreiung der Gemeinden wegen ihrer Gaswerke, hält sich im Rahmen des Gesetzes. Die Befreiung bezieht sich daher nur auf diejenigen Leistungen, die regelmäßig mit diesen Betrieben verbunden sind. Dazu gehören der Verkauf von Heiz- und Beleuchtungskörpern und die Vornahme von Installationsarbeiten an solchen nicht (U. v. 3. Okt. 22 V A 337/22 S. 10, 245).

4. Die Befreiung des § 3 Abs. 1 Nr. 2 UStG. kann nicht von privatrechtlichen Gesellschaften in Anspruch genommen werden, auch wenn sie nur aus Gemeinden oder sonst bevorrechtigten Körperschaften bestehen (U. v. 31. Okt. 22 V A 440 RStBl. 1923, 45).

Zu Nr. 3.

Vgl. DurchfBest. §§ 29—35.

I. Verfahren.

5. Über Vorhandensein und Tragweite der Befreiungsvorschrift ist seit der Novelle 1922 im Veranlagungsverfahren zu entscheiden; das vorher dafür vorgesehene besondere Verwaltungsverfahren ist weggefallen. Die in diesem bisher vom RFH. gezeitigten Grundsätze materiellrechtlicher Natur behalten aber ihre Bedeutung; soweit sie die prozessuale Behandlung, insbesondere das Verhältnis zwischen Anerkennungs- und Veranlagungsverfahren betreffen, sind sie überholt.

Anerkennung der Gemeinnützigkeit nach § 3 Nr. 3 des Umsatzsteuergesetzes von 1919 ist kein Rechtsgrund, auf den ein Erstattungsantrag für die Zeit von 1920 an gegründet werden könnte (U. v. 21. Febr. 22 V A 81/22 n. v.).

II. Begriff des Unternehmens im Sinne von § 3 Nr. 3.

6. Die ausschließliche Gemeinnützigkeit oder Wohltätigkeit nach § 3 Nr. 3 kann nicht nur für den gesamten Betrieb eines Unternehmens anerkannt werden, sondern auch für einzelne Zweige des Betriebs, sofern diese Teile selbständig von anderen Betriebszweigen abgegrenzt sind. Kriterien, aus denen auf eine derartige Selbständigkeit zu schließen wäre, sind allerdings bisher vom RFH. nicht aufgestellt worden.

Derartige Entscheidungen liegen vor: für die von einer Gemeinde betriebene Volksbadeanstalt, B. v. 22. Dez. 20 II B 30/20 S. 4, 181; für das von einer Kreisverwaltung betriebene Kreiswirtschaftsamt, B. v. 18. Mai 21 I B 23/20 S. 6, 57; für den eigentlichen Sparkassenverkehr einer öffentlichen

Sparkasse, die daneben als tatsächlich getrennten und selbständigen Geschäftszweig rein bankmäßige Geschäfte betreibt, B. v. 11. Febr. 21 I B 33/20 S. 5, 76; v. 12. April 21 I B 34/21 RStBl. 1921, 267; für die von einem Verein neben sonstigen Einrichtungen betriebene Mittelstandsküche, B. v. 22. Dez. 20 II B 38/20 S. 4, 142; für den Vertrieb der Kataloge eines archäologischen Seminars, B. v. 30. März 21 I B 13/21 (n. v.); für die von dem Bestattungswesen einer Gemeinde erfolgende Übernahme der Ausschmückung der Leichenhalle, der Gräber und Grüfte sowie der gärtnerischen Arbeiten für die Gräber, B. v. 21. März 21 I B 21/21 (n. v.).

Abgelehnt worden ist, weil es sich nicht um einen selbständigen Betriebszweig handelte, die Anerkennung für vereinzelte oder vorübergehende Maßnahmen eines sonst nicht gemeinnützigen Unternehmens, wie z. B. für die billige Abgabe von Holz durch eine städtische Forstwirtschaft, B. v. 22. Dez. 20 II B 32/20 S. 4, 141; für gelegentliche Abgabe billigen, von der Reichsbekleidungsstelle zur Verfügung gestellten Schuhwerks durch eine Schustervereinigung, B. v. 21. Okt. 21 V B 97/21 (n. v.).

III. Zweckbestimmung der für die Besteuerung in Betracht kommenden Leistungen.

7. Bei der Beurteilung der Frage, ob ein Unternehmen als ausschließlich gemeinnützig oder wohltätig anzuerkennen ist, kommt es auf den Zweck der begünstigten Leistungen an, die das e i g e n t l i c h e W e s e n des Unternehmens ausmachen, nicht aber den Zweck, dem der Erfolg des Unternehmens schließlich zugute kommt. Die Umsatzsteuer soll nach der Absicht des Umsatzsteuergesetzes grundsätzlich auf den Empfänger der Leistung abgewälzt werden. Wenn dieser sich in einer Lage befindet, die den Leistenden veranlaßt, in Betätigung seiner wohltätigen oder gemeinnützigen Absichten sich mit einem unter dem Durchschnittspreise bleibenden Entgelte für seine Leistungen zu begnügen, so will auch das Reich, um nicht seinerseits diese Leistungen wiederum zu verteuern, auf seinen Steueranspruch verzichten. Dieser dem § 3 Nr. 3 zugrunde liegende Gedanke führt dazu, daß die dort eingeräumte Begünstigung nur den E m p f ä n g e r n der gemeinnützigen oder wohltätigen Leistungen selbst zugute kommen kann, nicht aber auch d r i t t e n P e r s o n e n, die Leistungen anderer Art von gemeinnützigen oder wohltätigen Unternehmern empfangen. Die Anstalten selbst sollen, soweit sie durch Abschluß von Geschäften mit dritten, nicht zu den Empfängern ihrer wohltätigen und gemeinnützigen Leistungen gehörenden Personen in geschäftliche Beziehungen treten, nicht günstiger gestellt werden als Handwerker und andere Gewerbetreibende. Demnach ist erforderlich, daß die Leistungen, für die Steuerfreiheit nach § 3 Nr. 3 gewährt werden soll, als solche ihrer Zweckbestimmung nach gemeinnützig oder wohltätig sind. Weil diese Voraussetzung nicht zutrifft, ist die Befreiung abgelehnt worden: für die Schreibarbeiten, die eine Schreibstube ehemaliger Strafgefangener dem Publikum leistet, B. v. 4. März 1921 I B 5/21 S. 5, 125; für die Arbeitsleistungen und die Verkäufe der Brockensammlung einer evangelischen Stadtmission, B. v. 11. Febr. 1921 I B 44/20 S. 5, 65; für die Arbeitsstätte eines Arbeitsnachweises, B. v. 28. Juli 1921 I B 276/21 (n. v.); für die Betriebswerkstätte eines Gewerkvereins, B. v. 22. April 1921 I B 29/20 RStBl. 1921 S. 267; für die Waldwirtschaft und Brauerei eines Spitals, B. v. 10. Mai 1921 I B 144/21 (n. v.); für den Bücherverkauf eines Pfarrunterstützungsvereins, B. v. 31. Aug. 1921 I B 259/21 (n. v.); für die Vermietung von Standplätzen in einer städt. Markthalle, B. v. 18. Mai 1921 I B 159/21 RStBl. 1921, 286; für die Erlöse aus den Pfandversteigerungen einer städtischen Pfandleihanstalt, B. v. 16. Sept. 21 I B 236/21 S. 7, 96; für Näh- und Wascharbeiten eines Pfleghauses, U. v. 12. Jan. 23 V A 363/22 (n. v.); für Lieferungen aus dem landwirtschaftlichen Betrieb einer solchen Anstalt, U. v. 17. Okt. 24 V A 49/24 DStZ. 1925, 76; für die Lieferungen aus der von einer Pflegeanstalt für Schwachsinnige betriebenen Landwirtschaft an Dritte, U. v. 17. Okt. 24 V A 49/24 DStZ. 1925, 7 b; für die Vermietung von Ständen in einer städtischen Markthalle, U. v. 5. Febr. 26 V A 24/26 RStBl. 1926, 150.

8. Von diesen Fällen, in denen der Erfolg des steuerpflichtigen Betriebs schließlich auch der Allgemeinheit oder wohltätigen Zwecken zugute kommt, also diese mittelbar fördert, sind die Fälle zu unterscheiden, bei denen die begünstigten Leistungen ihre gemeinnützigen oder wohltätigen Zwecke mittelbar in der Weise erreichen, daß sie an einen Empfänger bewirkt werden, der seinerseits ausschließlich gemeinnützige oder wohltätige Zwecke verfolgt. Demgemäß ist die Befreiung zugebilligt worden für eine Provinzial-Werkstätte, die für ausschließlich gemeinnützige Provinzialanstalten arbeitet, B. v. 22. Febr. 1921 I B 24/20 S. 5, 79, und für eine Gesellschaft, die lediglich für den Kriegsausschuß für Ersatzfutter lieferte, B. v. 9. Juni 21 I B 183/21 S. 6, 233. Abgelehnt worden ist die Anerkennung, weil beim Empfänger der Leistungen Gemeinnützigkeit oder Wohltätigkeit des von ihm verfolgten Zweckes nicht vorlag, bei der Abgabe von Bauholz zum Selbstkostenpreis durch eine städtische Gemeinde an Baugenossenschaften, B. v. 30. Juni 1921 I B 187/21 (n. v.).

IV. Begriff der Gemeinnützigkeit.

9. Gemeinnützigkeit soll nach § 10 Abs. 1, 2 der früheren AusfBest., jetzt § 29 DurchfBest., nur vorliegen, wenn das Unternehmen dem Interesse der Allgemeinheit und nicht nur bestimmter Personen oder eines engeren Kreises von solchen zu dienen bestimmt ist. Diese Vorschrift war auf Grund der Ermächtigung im § 3 Nr. 3, später weggefallener Satz 3, des Umsatzsteuergesetzes ergangen. Ob sie jetzt durch die Ermächtigung des § 22 gedeckt ist, erscheint nicht zweifelsfrei.

a) Auf Grund dieser Vorschrift ist die Anerkennung grundsätzlich den Erwerbs- und Wirtschaftsgenossenschaften aller Art versagt worden, selbst wenn sie aus sozialen oder wirtschaftlichen Erwägungen gegründet worden sind. Hierüber liegt eine große Anzahl von Entscheidungen vor, so für Einkaufsgenossenschaften, B. v. 5. Juli 21 I B 179/21 S. 6, 287, RStBl. 21 S. 371; B. v. 14. Jan. 21 II B 35/20 S. 4, 240, B. v. 18. Febr. 21 I B 27/20 S. 5, 65; für Molkereigenossenschaften, B. v. 18. Febr. 21 I B 16/21 S. 5, 89; für Baugenossenschaften, B. v. 18. Febr. 1921 I B 19/20 S. 5, 70, B. v. 25. Febr. 1921 I B 26/21 RStBl. 1921 S. 203; für eine Siedlungsgenossenschaft von Eisenbahnbeamten, B. v. 11. März 21

I B 36/21 RStBl. 1921 S. 251; für die Revisionstätigkeit einer Raiffeisen-Genossenschaft e. V., B. v. 16. Sept. 21 I B 167 RStBl. 1922, 87.

Aus gleichen Erwägungen ist die Anerkennung einer Gesellschaft m. b. H. (Einkaufsverband) versagt worden, da sie nur ihren Mitgliedern die Vorteile gemeinschaftlicher Einkäufe zuwenden will, B. v. 3. Dez. 20 II B 22/20 S. 4, 120; einem Erholungsheim, das nur den Mitgliedern eines bestimmten Angestelltenbundes zugänglich ist, B. v. 10. Mai 21 I B 147/21 RStBl. 1921, 298; einer Baugesellschaft m. b. H., B. v. 11. März 21 I B 36/20 S. 6, 32; ferner einer Aktiengesellschaft, die für ihre Aktionäre und deren Arbeiter Wohnräume herstellt, B. v. 30. März 21 I B 84/21 RStBl. 1921, 267. In derartigen Fällen spielt die Höhe des Entgelts keine Rolle, vgl. B. v. 18. Febr. 21 I B 19/20 S. 5, 70; Obst- und Gemüsebauverein, U. v. 30. Jan. 25 V A 76/24 DStZ. 1925, 271.

Wenn dagegen derartige Genossenschaften und Gesellschaften ihre gemeinnützigen Leistungen auch Nichtmitgliedern zukommen lassen, so ist der bisherige § 3 Nr. 3 auch hier angewendet worden, z. B. bei gemeinnützigen Siedelungsgesellschaften, B. v. 11. März 21 I B 30/21 (n. v.), sowie B. v. 3. Juni 21 I B 176/21 (n. v.), bei einem Eisenbahnerheim, B. v. 29. April 21 I B 82/21 (n. v.).

b) Ähnliche Unternehmungen, denen wegen des beschränkten Personenkreises, auf die ihre Zwecke sich beschränken, die Befreiung versagt worden ist, sind z. B.: ein für Beamte geschaffener Lebensmittelausschuß, B. v. 23. Juni 21 I B 188/21 (n. v.); eine Wohlfahrtseinrichtung zur Beschaffung von Brennstoffen und Bekleidungsstücken zum Selbstkostenpreis für Eisenbahnbedienstete, B. v. 22. Dez. 20 II B 39/20 S. 4, 146; eine Einkaufsstelle für Angestellte einer Aktiengesellschaft, B. v. 25. Mai 21 I B 100/21 S. 6, 42; eine Aktiengesellschaft zur Beschaffung von Wohnungen für ihre Aktionäre, B. v. 30. März 21 I B 84/21 (n. v.); eine von einem Reedereiverein erhaltene Heuerstelle, B. v. 15. März 21 I B 74/21 RStBl. 21 S. 240; eine Kreisviehweide, B. v. 25. Febr. 21 I B 17/21 RStBl. 21 S. 204; ein Elektrizitätsverband: U. v. 15. Mai 23 V A 135/23 n. v. Durch die Verhältnisse gegebene örtliche Beschränkungen stehen dagegen der Anerkennung nicht entgegen, so bei einer Kinderbewahranstalt, B. v. 21. Okt. 21 V B 240/21 (n. v.).

c) Auch sonst steht die Verfolgung egoistischer Zwecke neben gemeinnützigen der Anerkennung nach § 3 Nr. 3 entgegen, so z. B. bei Werkküchen und Kantinenbetrieben, da sie mit der Erhaltung eines Arbeiterstammes dienen, B. v. 11. Febr. 21 I B 37/20 S. 5, 40; bei der Abgabe verbilligter Lebensmittel seitens der Bergwerke an ihre Arbeiter, U. v. 30. Juni 22 V A 298/21 (n. v.) u. 21. Juni 23 V A 173/22 (n. v.); bei der gegen besonders niedriges Entgelt bewirkten Abgabe von Deputatkohle, Lebensmitteln und Bedarfsgegenständen seitens einer Gewerkschaft an ihre Angestellten und Arbeiter auf Grund des Spaa-Abkommens und eines damit zusammenhängenden Überschicht- und Verbilligungsabkommens U. v. 30. Juni 22 V A 209/22 S. 10, 144; bei einer Kanalgesellschaft, U. v. 28. Juni 23 V A 174/23 n. v.; bei einer Privatklinik als Grundlage ärztlicher Praxis, B. v. 10. Nov. 20 II B 17/20 S. 4, 2; bei der auch dem Interesse der Dienstherrschaft dienenden Stellenvermittlung eines Marthaheims, B. v. 20. Sept. 21 I B 278/21

(n. v.); bei einer Landeskreditkasse, die entgeltlich Wertpapiere verwahrt und damit den Privatinteressen ihrer Kunden dient, B. v. 16. Sept. 21 I B 262/21 S. 7, 7.

Aus diesem Gedankenkreise heraus fällt auch nicht der Beschluß vom 8. Juli 21 I B 192/21 S. 6, 325, worin die ausschließliche Gemeinnützigkeit einer Gesellschaft m. b. H. ausgesprochen worden ist, die die Versorgung der minderbemittelten Bevölkerung mit billigem Hausrat durch Abgabe von Holz an ihre Mitglieder (Tischler) bezweckt, obgleich das Unternehmen zugleich einzelnen Gesellschaftern die Aufrechterhaltung ihrer Betriebe erleichtert, da letzteres die natürliche Folge jeder Übernahme von Mehrlieferungen ist.

d) Für die Frage, ob ein Unternehmen ausschließlich gemeinnützig ist, ist ohne Bedeutung, ob die begünstigten Leistungen nur Minderbemittelten oder auch anderen Kreisen zukommen; verlangt wird nur ein nicht geschlossener Kreis von Personen, die gefördert werden sollen; vgl. B. v. 30. März 21 I B 14/21 n. v. (Abgabe von Apparaten des chemischen Instituts einer Universität an die Studierenden), B. v. 25. Mai 21 I B 162/21 S 6, 41 = RStBl. 21, 287 (Akademischer Kosttisch für Studierende). Insbesondere können die gemeinnützigen Leistungen auch dem Mittelstand zukommen, B. v. 22. Dez. 20 II B 38/20 S. 4, 142 (Mittelstandsküche); B. v. 8. Juli 21 I B 68/21 RStBl. 1921 S. 369 (Pfarrtöchterheim), B. v. 25. Febr. 21 I B 39/21 S. 5, 81 (Epileptischen-Anstalt); B. v. 25. Febr. 21 I B 38/21 n. v. (Stiftungen zur Unterbringung erholungsbedürftiger Kinder an der Nordsee); B. v. 30. Juni 21 I B 19/21, v. 3. Juni 21 I B 118/21 und v. 23. Juni 21 I B 267/21 sämtlich n. v. (Betrieb von alkoholfreien Erfrischungsräumen und Kaffeestuben).

e) Der Reichsfinanzhof hat Anlaß gehabt auszusprechen, daß § 3 Nr. 3 in der bisherigen Fassung auf die ausschließliche Gemeinnützigkeit und Wohltätigkeit abstellt, nicht auf die Gemeinnützigkeit oder Wohltätigkeit überhaupt, B. v. 18. Febr. 21 I B 27/20, S. 5, 65. Umstände, die für die Annahme der Ausschließlichkeit sprechen, sind in der Entscheidung nicht ausgeführt. Wohl aber sind solche dem U. v. 1. Juli 24 V A 22/24 S. 14, 139 zu entnehmen: Die in einem Soldatenheim erfolgende, ihrer Art nach gemeinnützige Verabfolgung von Speisen, Zigarren, Zigaretten und Getränken an Soldaten und Zivilpersonen dient unmittelbar den ausschließlich gemeinnützigen Zwecken des Soldatenheims, wenn für die Zulassung der Zivilpersonen ausschließlich der Zweck des Soldatenheims, Soldatenwohlfahrtspflege zu treiben, maßgebend ist; sie dient dagegen nicht unmittelbar den ausschließlich gemeinnützigen Zwecken, wenn für die Zulassung der Zivilpersonen auch andere, insbesondere geschäftliche Rücksichten maßgebend sind.

f) In diesem Zusammenhang ist der B. v. 28. Juli 21 I B 194/21 S. 6, 328 zu erwähnen, der besagt: Darin, daß der Gesellschaftsvertrag einer Kriegsgesellschaft für den Fall ihrer Auflösung vorsieht, ein etwa verbleibender Rest des Gesellschaftsvermögens solle der Reichskasse zufallen, ist im Sinne des § 10c Abs. 1 A 2 der bisherigen AusfBest., jetzt § 32 DurchfBest., eine Sicherstellung der Verwendung dieses Vermögensrestes für gemeinnützige oder wohltätige Zwecke nicht zu finden.

g) Keine ausschließliche Gemeinnützigkeit eines von Gemeinden mittels einer G. m. b. H. betriebenen Elektrizitätsunternehmens (U. v. 31. Okt. 22 V A 440/22 StW. 1923, 211).

V. Höhe des Entgelts.

10. a) Über den Begriff „gleichartig" liegt ein B. v. 9. Juni 21 I B 183/21 S. 6, 233 vor, worin für die Annahme der Gleichartigkeit von Holzspiritus mit dem wesentlich billigeren Kartoffelspiritus darauf abgestellt wird, ob beide Spiritusarten nach ihrer Beschaffenheit und Verwendungsmöglichkeit miteinander identisch sind.

b) Besondere, in der Eigenart der Unternehmen liegende Gründe, die ein Zurückbleiben der geforderten Entgelte hinter den sonst üblichen gestatten, haben die Anerkennung nach dem bisherigen § 3 Nr. 3 nicht gehindert, etwa weil im Betrieb unbezahlte Ordenspersonen verwendet werden, B. v. 25. Februar 21 I B 27/21 S. 5, 123, B. v. 31. Aug. 21 I B 289/21 S. 6, 332, oder weil die werktätigen Mitglieder ihre Arbeitsleistungen ohne Entgelt zur Verfügung stellen, wie beispielsweise bei einer Volkskaffeeküche. B. v. 21. März 21 I B 42/21 (n. v.); ebenso ist die Anerkennung nicht deshalb versagt worden, weil das Unternehmen sein Betriebskapital besonders niedrig verzinst oder ganz geringfügige Überschüsse abwirft, B. v. 25. Febr. 21 I A 38/21, v. 30. März 21 I B 1/21, v. 21. März 21 I B 42/21 u. v. 15. März 21 I B 80/21 (sämtlich n. v.). Das beruht auf der Erwägung, daß ein Erwerbsunternehmen unter gleichen Verhältnissen mit einer derartig geringen Verzinsung oder so niedrigen Überschüssen wirtschaftlich nicht bestehen könnte.

c) Die Tatsache allein, daß unternormale Entgelte erzielt werden, genügt nicht zur Anwendung der Befreiungsvorschrift, wenn nicht aus sonstigen Gründen die ausschließliche Gemeinnützigkeit des Unternehmens herzuleiten ist, so für den Bankverkehr einer öffentlichen Sparkasse, B. v. 11. Febr. 21 I B 33/20 S. 5, 76, für die Arbeitsstätte und Brockensammlung einer evangelischen Stadt-Mission, B. v. 11. Febr. 21 I B 44/20 S. 5, 65, für die Wäscherei und die Landwirtschaft eines Klosters, B. v. 31. Aug. 21 I B 159/21 (n. v.).

d) Steuerpflichtige Umsätze eines gemeinnützigen Unternehmens: (Verpachtung von Restaurationsräumen, Verkauf von Programmen u. dgl.: U. v. 9. Juli 23 V A 433/22 (n. v.), — anders wenn Garderobeabgabe und Programmentnahme dem gemeinnützigen Zwecke notwendig dient (U. v. 15. Jan. 26 V A 316/25 S. 18, 118); Pfandversteigerungen städtischer Pfandhäuser. U. v. 30. Juni 24 Gr. S. 1/24 S. 14, 54 = StW. 1924, 925.

VI. Einzelne ausschließlich gemeinnützige Unternehmen.

11. Unterrichts- und Erziehungswesen: städt. Haushaltungs- und Gewerbeschule für junge Mädchen, B. v. 26. März 21 I B 87/21 (n. v.); klösterliche Erziehungsanstalt, B. v. 25. Febr. 21 I B 27/21 S. 5, 123; die Rheinische Ritter-Akademie, B. v. 21. Jan. 21 I B 138/21 (n. v.); ein vom katholischen Männerverein eingerichtetes Knabenpensionat, B. v. 18. Febr. 21 I B 41/21 (n. v.); ein katholisches Konvikt, B. v. 26. März 21 I B 93/21 (n. v.); ein Pfarrertöchterheim, B. v. 8. Juli 21 I B 68/21

S. 6, 348 = RStBl. 1921 S. 369; mensa academica einer Universität, B. v. 25. Mai 21 I B 162/21 S. 6, 41; ein Waisenhaus, B. v. 25. Febr. 21 I B 57/21 (n. v.), aus ganz besonderen Gründen auch eine Privatschule, B. v. 5. Juli 21 I B 145/21 S. 6, 324 — jetzt überholt durch § 3 Ziff. 4.

12. Gesundheitswesen: Krankenanstalten, B. v. 14. Juni 21 I B 35/20 S. 6, 100; Universitätsklinik, B. v. 23. Juni 21 I B 12/21 (n. v.); Veterinärklinik, B. v. 15. Juli 21 I B 66/21 S. 6, 322; ambulante Krankenpflege, B. v. 21. Mai 21 I B 140/21 (n. v.); Epileptischen-Anstalt, B. v. 25. Febr. 21 I B 39/21 S. 5, 81; Blindenanstalten, B. v. 15. Juli 21 I B 55/21 (n. v.); ein Kinderheim, B. v. 21. März 21 I B 76/21 (n. v.); Unterbringung erholungsbedürftiger Kinder an der Nordsee, B. v. 25. Febr. 21 I B 38/21 (n. v.); Erholungs- und Genesungsheim, B. v. 29. April 21 I B 82/21 (n. v.); Erholungshaus für Personen des Mittelstandes, B. v. 21. März 21 I B 2/21 (n. v.); Invalidenheim, B. v. 31. Aug. 21 I B 161/21 (n. v.); städtische Volksbadeanstalt, B. v. 22. Dez. 20 II B 30/20 S. 4, 181 u. 9. Mai 24 V A 407/23 RStR. 1924, 268; städtische Düngerabfuhr (ohne Benutzungszwang), B. v. 12. Juli 21 I B 198/21 S. 6, 289 und v. 18. Juni 21 I B 110/21 RStBl. 1921 S. 370; städtische Müllabfuhr (ohne Benutzungszwang), B. v. 16. Sept. 21 I B 304/21 (n. v.); eine von einer — den Voraussetzungen des § 10 c Abs. 1 der damaligen AusfBest., jetzt § 32 DurchfBest., genügenden — G. m. b. H. unter polizeilicher Aufsicht betriebene Freibank, durch die lediglich bedingt taugliches Fleisch zu Verkaufspreisen unter dem wahren Werte an die unbemittelte Bevölkerung abgesetzt wird (U. v. 19. Dez. 24 V A 85/24 S. 15, 148).

13. Innere Mission und dgl.: Volkskaffeeküchen B. v. 11. März 21 I B 42/21 und v. 15. März 21 I B 80/21 (n. v.); Einrichtung alkoholfreier Erfrischungsräume, B. v. 3. Juni 21 I B 118/21, v. 23. Juni 21 I B 267/21 und v. 30. Juni 21 I B 19/21 (sämtlich n. v.); eine Mägdeherberge, B. v. 29. April 21 I B 21/20 (n. v.); die Ausgabe eines Missionsblattes, B. v. 11. Febr. 21 I B 44/20 S. 5, 65; die Verbreitung christl. Schriften, B. v. 23. Juni 21 I B 98/21 (n. v.).

14. a) Wirtschaftliche Wohlfahrt: eine gemeinnützige Siedlungsgesellschaft, B. v. 11. März 21 I B 30/21 (n. v.); Abgabe alter Bekleidung an die bedürftige Bevölkerung, B. v. 15. März 21 I B 80/21 (n. v.); Mittelstandsküchen, B. v. 22. Dez. 20 II B 38/20 S. 4, 142; die Herstellung von Ersatzfutter für den Kriegsausschuß, B. v. 9. Juni 21 I B 183/21 S. 6, 233; öffentliche Sparkassen für den eigentlichen Sparkassenverkehr, B. v. 11 Febr. 21 I B 33/20 S. 5, 76, B. v. 12. April 21 I B 34/21 RStBl. 1921, 267; die Kleiderverkaufsstelle einer Großstadt, die sich auf die Abgabe von Kleidern und Schuhen an Arme und Minderbemittelte der Stadt beschränkt (U. v. 8. Jan. 24 V A 389/23 S. 13, 210).

b) Soweit freilich derartige von Gemeinden ins Leben gesetzte Unternehmungen dahin führen, durch Unterbietung der im freien Handel erzielten Preise diesem Abbruch zu tun, soweit also wirtschaftspolitische Zwecke verfolgt werden, hat der Reichsfinanzhof die Anerkennung der ausschließlichen Gemeinnützigkeit wiederholt abgelehnt, so bei einer kommunalen Kleiderstelle, B. v. 8. Juli 21 I B 254/21 (n. v.); bei einer Ortskohlenstelle, B. v. 30. Juni 21 I B 291/21 (n. v.); beim Vertrieb von Torf und

Baumaterialien durch eine Stadt zum Selbstkostenpreise, B. v. 12. Juli 21 I B 172/21 RStBl. 1921 S. 368; beim Vertrieb von Bedarfsgegenständen verschiedener Art, insbesondere von Nahrungsmitteln durch die Gemeinde, B. v. 15. März 21 I B 37/21 S. 5, 194; bei der Landesfleischstelle, die nach Aufhebung der Zwangswirtschaft Fleisch an die Bevölkerung zu wesentlich niedrigeren Preisen als der freie Handel abgibt, B. v. 16. Sept. 21 I B 442/21 S. 7, 91, ebenso für den Kartoffelverkauf einer Gemeinde nach Aufhebung der Zwangswirtschaft (U. v. 22. Juni 23 V A 131/23 n. v.).

c) Anders ist der Fall beurteilt worden, in dem ein Kreiswirtschaftsamt billige Lebens- und Futtermittel beschaffte und an den freien Handel zum Verkauf zu vorgeschriebenen, einen Preisaufschlag vorsehenden Preisen abgab, B. v. 18. Mai 21 I B 23/20 S. 6, 57 = RStBl. 1921, 298. Ähnlich: B. v. 8. Juli 21 I B 192/21 S. 6, 325 (Versorgung der Bevölkerung mit billigem Hausrat durch Abgabe billigen Holzes seitens einer G. m. b. H. an Tischler, die Mitglieder der G. m. b. H. sind). Auch in der besonders billigen Abgabe von Waren, die im freien Handel überhaupt nicht oder nicht ausreichend zu beschaffen sind, hat der Reichsfinanzhof keine Unterbindung des freien Handels erblickt und deshalb die ausschließliche Gemeinnützigkeit anerkannt, so bei der städtischen Milchversorgung, B. v. 5. Juli 21 I B 148/21 (n. v.) u. v. 23. Juni 21 I B 56/21 S. 6, 240; bei städtischen Fleischabgaben, B. v. 16. Sept. 21 I B 439/21 (n. v.), ähnlich bei einer städt. Besohlanstalt, die Schuhwerk ausbessert, das auszubessern die Schuster ablehnen, B. v. 30. Juni 21 I B 291/21 (n. v.).

15. Bildungswesen: städt Theater (vgl. § 30 DurchfBest.), B. v. 15. Juli 21 I B 273/21 S. 6, 290; Programmabgabe und Kleideraufbewahrung in einem öffentlichen Theater, U. v. 15. Jan. 26 V A 316/25 S. 18, 118; ein Konzertverein, Bek. v. 16. Sept. 21 I B 293/21 (n. v.); ein Tiergartenverein, B. v. 22. Dez. 20 II B 45/20 S. 4, 150; Verein, der zur Pflege des vaterländischen Gedankens Vorträge über den Weltkrieg veranstaltet, B. v. 3. Juni 21 I B 125/21 (n. v.); ein Kunstverein, B. v. 20. Sept. 21 I B 48/21 (n. v.).

16. Einzelfälle: eine städt. Wage, B. v. 21. März 21 I B 21/21 (n. v.); ein Verkehrsverein, B. v. 30. Juni 21 I B 270/21 (n. v.); ein Turnverein, B. v. 15. Juli 21 I B 288/21 (n. v.); ein Verein für Hindernisrennen, U. v. 3. Juli 23 V A 33/22 StW. 1923, 903; ein Gesangverein, U. v. 9. Juli 23 V A 117/23 S. 12, 308.

VII. Ausschließlich wohltätige Unternehmungen.

17. Im B. v. 25. Mai 1921 I B 100/21 S. 6, 42 ist ausgesprochen, daß der Begriff der Wohltätigkeit nicht gleichbedeutend ist mit dem der Wohlfahrtspflege. Demgemäß ist ebenda einer Einkaufsstelle für Beamte die Anerkennung der ausschließlichen Wohltätigkeit versagt worden.

18. Ausschließliche Wohltätigkeit verträgt sich ebensowenig wie Gemeinnützigkeit mit konkurrierenden egoistischen Zwecken des Unternehmens; B. v. 15. März 21 I B 74/21 RStBl. 1921 S. 240 (Heuerstelle eines Reedereivereins); Beschluß v. 11. Febr. 21 I B 37/20 S. 5, 40 (Werksküche und Kantine einer Fabrik).

19. Der Begriff der Wohltätigkeit setzt voraus, daß die Wohltaten anderen Personen als den Wohltätern erwiesen werden, B. v. 5. Juli 1921 I B 88/21 (n. v.).

20. Er fordert weiter, daß die Behebung einer Notlage angestrebt wird. Daher muß der Zweck des Unternehmens auf Minderbemittelte beschränkt sein, B. v. 30. März 21 I B 14/21 (n. v.). Das Vorliegen einer zu behebenden Notlage ist verneint worden: bei einem für Postbeamte geschaffenen Lebensmittelausschuß, B. v. 23. Juni 21 I B 188/21 (n. v.); bei einem Erholungsheim für Mitglieder einer bestimmten Organisation, B. v. 10. Mai 21 I B 147/21 RStBl. 1921 S. 298; bei einer Einkaufsstelle der Beamten einer Versicherungsgesellschaft, B. v. 25. Mai 21 I B 100/21 S. 6, 42.

21. Auf der Seite des Leistenden setzt der Begriff der Wohltätigkeit voraus, daß gewisse materielle Opfer gebracht werden, die nicht ganz unerheblich sind, B. v. 25. Mai 21 I B 100/21 S. 6, 42, B. v. 22. Dez. 20 II B 39/20 S. 4, 146.

Zu Nr. 4.

Vgl. DurchfBest. § 36. (Nicht-öffentliche Schulen und Erziehungsanstalten.)

Zu Nr. 6.

22. Die Befreiung der Handelsagenten von der Umsatzsteuer bedeutet eine grundsätzliche Durchbrechung des Systems dieser Steuer. Sie muß deren Aufkommen stark gefährden und wegen der Unklarheit in der Abgrenzung des Begriffs zu erheblichen Weiterungen im Veranlagungs- und im Rechtsmittelverfahren führen (U. v. 27. Mai 25 V D 6/25 RStBl. 1925, 147).

§ 4 [§ 4].

(1) Erbringt ein Unternehmer den Nachweis, daß er von ihm ausgeführte Gegenstände im Inland erworben hat und daß die Lieferung an ihn der Steuerpflicht unterlag, so vergütet ihm das Finanzamt zum Ausgleich hierfür einen Hundertsatz des vereinnahmten oder vereinbarten Verkaufspreises.

(2) Die näheren Bestimmungen über die Höhe der Vergütung und über das Vergütungsverfahren erläßt der Reichsminister der Finanzen mit Zustimmung des Reichsrats.

Vgl. DurchfBest. § 37. (Ausfuhrvergütung.)

1. Auch § 4 UStG. 1919 verlangte, daß das Lieferungsgeschäft zwischen dem Ausfuhrhändler und seinem Vertragsgegner der Steuerpflicht unterliegt (U. v. 11. Jan. 22 V A 54/21 S. 8, 310).

2. Unter Steuer im Sinne von § 28 UStG. 1918 und § 4 UStG. 1919 ist auch der Warenumsatzstempel zu verstehen (U. v. 7. Nov. 21 II A 301/21 S. 7, 189).

3. Zu § 4 des Ges. v. 1919 hat der RFH. ausgesprochen, daß der Vergütungsanspruch nur dem zusteht, der auf Grund eines entgeltlichen Veräußerungsgeschäfts ins Ausland liefert, nicht aber, wer einen Gegenstand ohne solches Geschäft ins Ausland verbringt, wie bei der Überlassung eines Gegenstandes an die ausländische Niederlassung (U. v. 22. März 22 V A 162/21 n. v.), 17. Juni 25 V A 2/25 (n. v.).

4. Wenn ein Organ oder ein Angestellter des letzten Lieferers dem Ausfuhrhändler gegenüber wie ein selbständiger Lieferer im eigenen Namen auftritt, so ist die Voraussetzung des Vergütungsanspruchs des Ausfuhrhändlers, daß die Lieferung an diesen der Umsatzsteuer unterlag, dann erfüllt, wenn das Organ oder der Angestellte als Verfügungsberechtigter für die Steuer haftet und sie demgemäß bezahlt (U. v. 14. Dez. 23 V A 141/23 S. 13, 146).

5. Die Frist des § 17 AusfBest. ist eine Ausschlußfrist im Sinne von § 65 RAbgO. (U. v. 2. Nov. 22 VI a A 85/22 n. v.).

6. a) Die Nämlichkeit des Gegenstandes wird nicht dadurch berührt, daß der Motor eines Kraftfahrzeuges vom Benzolbetrieb zum Benzinbetrieb umgestellt wird (U. v. 28. Juni 22 VI a A 15/22 n. v.).

b) § 17 Nr. 3 Abs. 1 S. 1 AusfBest., jetzt § 37 Abs. 1 DurchfBest., stellt fest, daß die in § 11 B Abs. 1 a a. a. O aufgeführten Vorgänge für die Frage des Vergütungsanspruch nach § 4 UStG. nicht in Betracht kommen. U v. 6. Nov. 25 V A 235/25 RStBl. 1925, 218.

7. Ein Anspruch auf Vergütung der Umsatzsteuer, die auf der Lieferung von Warenumschließungen an den Ausführenden ruht, besteht nur, wenn auch die Lieferung der Ware selbst an ihn der Steuerpflicht unterlag (U. v. 22. Jan. 26 V A 367/25 S. 18, 157).

§ 5 [§ 5 Abs. 1 Satz 1].

Knüpft die Steuer lediglich an die Lieferung an, so liegt eine Lieferung im Sinne dieses Gesetzes vor, wenn der Lieferer dem Abnehmer die Verfügung über eine Sache verschafft.

1. Ein Schuldner überläßt seinem Gläubiger zu Sicherungszwecken für dessen Forderungen einen Personenkraftwagen. Der Gläubiger ist nur zum Verkauf der Sache für Rechnung des Schuldners ermächtigt. Eine derartige Sicherungsübereignung bedeutet kein Verschaffen der Verfügung über den Wagen im Sinne des § 5 Abs. 1 und ist daher nichtumsatzsteuerpflichtig. U. v. 7. Okt. 25 V A 222/25 RStBl. 1925, 211. Vgl. auch U. v. 21. Juni 22 VI e A 37/22 RStBl. 1922, 351.

2. Die Zahlung der Pacht durch einen Gutspächter in Gutserzeugnissen stellt eine steuerpflichtige Lieferung dar. Das Entgelt bildet die Überlassung der Nutzung des Gutes. Der Wert des Entgelts ist in der Regel gleich dem Werte der gelieferten Erzeugnisse anzunehmen. U. v. 20. Febr. 25 V A 86/24 S. 15, 330.

3. Lieferung oder Vermittlung: U. v. 6. Dez. 22 VI a A 18/22 StW. 1923, 194. Vgl. auch zu § 1 Anm. 29.

4. Lieferung von Grundstücken zu § 1 Anm. 7 a.

5. Umsatzsteuer von Elektrizitätslieferung: U. v. 16. Juni 22 V A 277/21 StA. 1922, 207; v. 14. März 24 V A 375/23 AStR. 1924, 222.

§ 6 [§ 5 Abs. 1 Satz 2, Abs. 2].

(1) Als Lieferung ist auch eine Leistung aus einem Vertrag über die Bearbeitung und Verarbeitung einer Sache anzusehen, wenn der Unternehmer Stoffe, die er beschafft, verwendet, und es sich hierbei nicht nur um Zutaten oder Nebensachen handelt. Das gilt auch, wenn Sachen in Ausführung eines solchen Vertrages mit dem Grund und Boden fest verbunden werden.

(2) Der Lieferung steht die Übertragung der mit dem Besitz eines Pfandscheins verbundenen Rechte gleich.

1. Unterschied zwischen Werkvertrag und Werklieferungsvertrag, Herstellung von Filmkopien als Lieferung; (U. v. 2. Febr. 23 V A 495/22 RStBl. 1923 S. 213).

Der Unternehmer beschafft den Stoff im Sinne von § 6 auch dann, wenn er ihn als Einkaufskommissionär des Bestellers erwirbt (U. v. 30. April 26 V A 195/26 DStZ. 1926, 532).

2. Für die Frage, ob bei der Hingabe von Sachen an einen Dritten zur Bearbeitung und Verarbeitung von den Beteiligten lediglich ein Arbeitserfolg beabsichtigt ist oder ob ein als Tausch zu behandelnder Werklieferungsvertrag vorliegt, hängt davon ab, ob die Rückstände unwesentlich oder wesentlich sind (U. v. 27. Nov. 25 V A 280/25 RStBl. 1926, 40).

3. Beschaffung von Stoff durch den Besteller trotz Eigentumsübergangs auf den Unternehmer. a) Wird von Juwelieren einer Goldwarenfabrik zur Herstellung von Ketten oder Ringen Altgold mit dem Anheimgeben überlassen, statt des erhaltenen Altgoldes anderes Gold bei der Bearbeitung zu verwenden und zurückzugeben, so ist der Umsatz nur als auf die Bearbeitung gerichtet anzusehen, demnach der Wert des zur Verarbeitung erhaltenen Altgoldes in das steuerpflichtige Entgelt nicht einzurechnen (U. v. 3. Nov. 21 V A 11/21 S. 7, 277). Ebenso für die Verarbeitung des vom Besteller übereigneten Rohgoldes in Blattgold (U. v. 6. Febr. 25 II A 8/25 S. 15, 280).

b) Eine Beschaffung von Stoffen durch den Unternehmer im Sinne von § 5 Abs. 1 Satz 2 liegt nicht vor, wenn die Stoffe dem Unternehmer vom Besteller zum Zwecke der Bearbeitung oder Verarbeitung unter Übertragung des Eigentums geliefert worden sind (Herstellung von Laubfutterkuchen aus Stoffen, die die Militärverwaltung zur Verfügung gestellt hatte). (U. v. 5. Okt. 23 V A 16/23 S. 13, 42.)

c) Bei der Tauschmüllerei ist der vereinbarte Werklohn die Grundlage der Steuerberechnung. So der große Senat U. v. 25. Jan. 25 G.S. 5/24 S. 15, 282. Vgl. Anm. 25 zu § 2. Damit sind die abweichenden früheren

Urteile v. 26. Sept. 22 V A 383/22 RStBl. 1922, 315 u. 4. April 24 V A 4/24 S. 13, 296 überholt. Ebenso nunmehr für die Umtauschbäckerei (U. v. 16. Juli 25 V D 7/25 S. 17, 70) und die Umtauschspinnerei und -weberei (U. v. 23. Okt. 25 V A 182/25 S. 17, 228).

Anders wenn die Mühle ihren Kunden für deren Getreide fertiges Mehl nicht gegen einen Mahllohn liefert, sondern gegen einen Zuschlag, der sich aus dem Unterschiede der Marktpreise von Getreide und Mehl errechnet; dann wird nicht Arbeit, sondern Lieferung gegen Lieferung umgesetzt (U. v. 7. Mai 26 V A 269/26 DStZ. 1926, 532).

d) Zuckerfabriken sind für die Rücklieferung von Rübenschnitzeln an den Erzeuger nicht umsatzsteuerpflichtig (U. v. 8. Mai 25 V A 87/25 S. 16, 195).

e) Wenn Landwirte an eine landwirtschaftliche Genossenschaft Vollmilch liefern, der Preis dafür nur nach dem Fettgehalt der Vollmilch berechnet und den Landwirten außerdem eine der Menge der gelieferten Vollmilch entsprechende Menge Magermilch ohne Berechnung eines Entgelts zurückgeliefert wird, so sind die Landwirte für den Wert der zurückgelieferten Magermilch nicht umsatzsteuerpflichtig (U. v. 20. Nov. 25 V A 276/25 S. 17, 316).

f) Wenn ein Unternehmer in der Korbwarenindustrie Oberfrankens und der ehemals koburgischen Landesteile von Bayern aus eigenem Rohmaterial (hauptsächlich Weiden und Rohr) Korbmöbel und Körbe im Hausgewerbe durch Liefermeister und Korbmacher herstellen läßt, so stellt die Materialabgabe an diese eine umsatzsteuerpflichtige Lieferung selbst dann nicht dar, wenn sie unter Berechnung des Materialpreises erfolgt (U. v. 1. Mai 25 V A 82/25 S. 16, 164).

4. Andere Gestaltung. a) Wenn Landwirte Milch an eine Käseküche (Käsefabrik) liefern und von dieser zum Zwecke der Selbstversorgung Käse beziehen, so liegen wechselseitige Verkaufsgeschäfte mit Aufrechnung der Entgelte vor. U. v. 27. März 25 V A 39/24 (n. v.).

b) Empfängt die Mühle den Mahllohn durch Hingabe von Mahlgut an Zahlungsstatt, so sind beide Lieferungen umsatzsteuerpflichtig. U. v. 20. Nov. 25 V A 259/25 S. 18, 38.

c) Die Vorschrift, daß als Lieferung auch eine Leistung aus einem Vertrag über die Bearbeitung und Verarbeitung einer Sache anzusehen ist, wenn der Unternehmer Stoffe, die er beschafft, verwendet, gilt auch dann, wenn der Unternehmer den Stoff als Einkaufskommissionär für den Besteller erwirbt. Sie findet insbesondere Anwendung auf den Fall, daß ein Malzfabrikant für eine Brauerei in Kommission Gerste einkauft und diese in Lohn zu Malz verarbeitet. U. v. 30. April 26 V A 195/26 S.

5. Überholt dürfte nach vorstehenden Grundsätzen sein das U. v. 23. Mai 22 V A 34/22. (Bei einer Meierei, die Milch gegen Bezahlung sogen. Milchfahrern abnimmt, behandelt und sie dann zum gleichen Preise den Milchfahrern zurückgibt, dafür aber einen Zuschlag von der Stadt erhält, ist diese Abgabe der behandelten Milch an die Fahrer mit dem Preise, den die Fahrer zahlen, zuzüglich des städtischen Zuschusses für umsatzsteuerpflichtig erachtet worden.)

4. Für die Beurteilung, ob Nebensachen oder Zutaten im Sinne von § 5 Abs. 1 vorliegen, ist das Verhältnis des vom Unternehmer verwandten Stoffes zur Arbeitsleistung des Unternehmers in Anlehnung an die Verkehrsauffassung maßgebend.

a) Die Leistung aus einem Vertrag über das Färben von Baumwolle und Seide ist daher nicht als Werklieferung anzusehen, auch wenn der Leistungspflichtige die hierbei verwendeten Farbstoffe beschafft (U. v. 5. Dez. 22 V A 491/22 S. 11, 210).

b) Ausbessern von Teppichen ist Werkvertrag, also nicht der erhöhten Umsatzsteuer unterworfen, wenn der Erfolg im wesentlichen durch die Arbeitsleistung und nicht durch das verwendete Material bestimmt wird (U. v. 5. Juli 22 IV a A 31/22).

§ 7 [§ 7].

(1) Bei Abwicklung mehrerer von verschiedenen Unternehmern über dieselben Gegenstände oder über Gegenstände gleicher Art abgeschlossenen Umsatzgeschäfte sind nur die Lieferungen derjenigen Unternehmer steuerpflichtig, die den unmittelbaren Besitz übertragen. Der Übertragung des unmittelbaren Besitzes durch einen Unternehmer steht die Übertragung durch denjenigen gleich, der die Gegenstände auf Grund eines besonderen, mit dem Unternehmer abgeschlossenen Vertrags für diesen besitzt, es sei denn, daß er lediglich die Beförderung der Gegenstände übernommen hat.

(2) Die Lieferung von Elektrizität, Gas und Wasser durch zusammenhängende Leitungen mehrerer Unternehmungen gilt als nur einmalige Übertragung des unmittelbaren Besitzes; steuerpflichtig ist die erste Liefererin.

Vgl. DurchfBest. §§ 38—42. (Zwischenhandel.)

1. Die Übertragung des unmittelbaren Besitzes gehört zu den festzustellenden Tatbestandsmerkmalen der Umsatzsteuerhinterziehung oder Gefährdung. RGStr. 7. Juli 25 E 59, 282.

I. Mehrere Umsatzgeschäfte über dieselben Gegenstände.

2. Die im § 7 aufgestellte Befreiungsvorschrift zugunsten des reinen Zwischenhandels setzt voraus, daß die mehreren Umsatzgeschäfte über dieselben Gegenstände oder über Gegenstände gleicher Art abgeschlossen worden sind.

a) Für die Frage, ob mehrere Umsätze von denselben Gegenständen vorliegen, ist die Verkehrsauffassung maßgebend, im Zweifel entscheidet die Marktgängigkeit der Ware. Geeichte und ungeeichte Gewichte sind nicht dieselben Gegenstände (U. v. 24. Jan. 22 V A 195/21 S. 8, 123), ebensowenig Schmutzwolle und gereinigte und sortierte Wolle (U. v. 16. Febr. 23 V A 523/22 S. 11, 281). Vgl. auch Anm. 8 zu § 2.

b) Die Steuerbefreiung des reinen Zwischenhandels nach § 7 greift nicht ein, wenn bei Lieferung einer Kühlanlage der Unternehmer Werkteile oder Maschinen an Ort und Stelle liefern läßt und sie dort montiert, da es an der Nämlichkeit der Gegenstände fehlt; U. v. 11. Okt. 21 V A 3/21 S. 7, 106; ebenso für die einzelnen Teile einer Heizanlage; U. v. 6. Dez. 22 V A 462/22 RStBl. 1923, 49; für einzelne Teile eines technischen Ofens; U. v. 5. Febr. 26 V A 349/25 RStBl. 1926, 146; für Blech, das vom Unternehmer zu Ofenrohren verarbeitet werden soll; U. v. 11. Okt. 22 V A 354/22 n. v.; für Weitergabe eines Loses an einem Bauwerk an einen Dritten, der unmittelbar beim Bauherrn abliefert (U. v. 19. Jan. 23 V A 6/23 n. v.).

II. Übertragung des unmittelbaren Besitzes.

3. Für den Begriff des unmittelbaren Besitzes, der in § 7 verwandt wird, hat ein U. v. 23. Juli 19 II A 153/19 AM. 1919, 325 im allgemeinen die Grundsätze des bürgerlichen Rechts für maßgebend erachtet.

a) Demgemäß ist angenommen worden, daß ein Einkaufskommissionär der Reichsgetreidestelle, der die angekauften Erzeugnisse von den liefernden Landwirten am Bahnhof übernimmt, verlädt und an die von der Reichsgetreidestelle aufgegebenen Stellen verschickt, an den Erzeugnissen unmittelbaren Besitz erlangt und überträgt (U. v. 23. Juli 19 II A 153/19, U. v. 23. Dez. 20 II A 392/20, n. v.), ebenso bei dem Aufkäufer eines Kommunalverbands, der die Waren ebenfalls von den Lieferern selbst am Bahnhof im eigenen Namen übernimmt, in die Eisenbahnwagen verlädt und an die ihm aufgegebenen Stellen absendet (U. v. 23. Juli 19 II A 153/19 AM. 1919, 325, auch U. v. 21. 11. 24 V A 64/24 RStBl. 1922, 142), ferner bei der Übernahme und Weiterleitung gekaufter Waren durch das eigene Fuhrwerk des Zwischenhändlers oder Verkaufskommissionärs (U. v. 5. Mai 20 II A 119/20 RStBl. 1920, 417), bei der Empfangnahme durch den Zwischenhändler am Bahnhof und Überwachung der Weiterleitung oder der Verteilung auf die anwesenden Abnehmer (U. v. 22. Jan. 26 V A 330/25 S. 18, 149, U. v. 12. Febr. 26 V A 59/26 S. 18, 207). Gleichgültig ist, wie lange die tatsächliche Gewalt dauert und ob die Absicht besteht, sie alsbald aufzugeben. RGStr. 27. April 26 I D 24/26 VII 45.

b) Räumt der Empfänger einer Wagenladung seinen Abnehmern den Mitbesitz an der Sendung dadurch ein, daß er unter seinen Augen ihren Anteil an den Waren selbst ausladen läßt, so liegt in diesem Verfahren eine Weiterübertragung des unmittelbaren Besitzes, den ihm die Bahnverwaltung durch Auslieferung der Sendung überlassen hat (U. v. 2. März 23 V A 54/23 n. v.).

c) Ein Zwischenhändler, der Wagenladungsgut von seinem Lieferer mit der Bahn unmittelbar an die Adresse des Abnehmers senden, gleichzeitig aber durch Zusatz auf dem Frachtbrief das eigene Anschlußgleis, dessen Bedienung ihm nach Vertrag mit der Bahnverwaltung obliegt, als Ablieferungsort bestimmen läßt, erwirbt den unmittelbaren Besitz an dem

Wagenladungsgute, sobald dieses auf das Anschlußgleis gerollt ist (U. v. 23. Mai 24 V A 406/23 S. 14, 30).

d) Spediteur als Lagerhalter: U. v. 27. Nov. 25 V A 184/25 DStZ. 1926, 53.

4. a) Eine offene Handelsgesellschaft, die in ihrer Hauptniederlassung eine Kohlenhandlung und in ihrer auswärtigen Zweigniederlassung eine Reederei betreibt, erwirbt den unmittelbaren Besitz an den Kohlen, die der Zweigniederlassung von einem Dritten lediglich zum Zwecke der Beförderung übergeben werden, auch dann, wenn die Zweigniederlassung eine eigene Firma führt. Die verschiedenartigen Betriebe eines und desselben Unternehmens bilden vom Standpunkt des Umsatzsteuergesetzes aus ein einziges Steuersubjekt (U. v. 25. Mai 23 V A 23/23 S. 12, 236).

b) Eine Kommanditgesellschaft, die verschiedenartige Unternehmungen unter verschiedenen Firmen an verschiedenen Orten betreibt, ist für das Umsatzsteuerrecht als einheitliches Steuersubjekt anzusehen, wenn nicht Tatsachen vorliegen, aus denen sich ergibt, daß mehrere Kommanditgesellschaften bestehen. U. v. 16. Juli 25 V A 92/24 DStZ. 1925, 845.

5. Unanwendbarkeit des § 7 im Verhältnis zwischen Muttergesellschaft und gewerblich unselbständigen Tochtergesellschaften (U. v. 14. Dez. 23 V A 149 u. 150/23 S. 13, 146).

6. Übertragung des unmittelbaren Besitzes durch den Zwischenhändler ist in einem Fall angenommen worden, wo der Zwischenhändler (eine Gesellschaft) mit anderen Firmen eine Gesellschaft gebildet hatte, die Heereslieferungen an die erste Gesellschaft zur Weiterlieferung an die Heeresverwaltung machte, wobei auch die eigenen Erzeugnisse der ersten Firma von dieser als Vertreterin der Lieferungsgesellschaft besonders verwahrt und weitergeliefert wurden; der RFH. hat angenommen, daß hier die gesetzlichen Vertreter der ersten Firma durch Kontrahieren mit sich selbst den Besitz an den von dieser Firma hergestellten Waren namens der Lieferungsgesellschaft erwarben und an die Heeresverwaltung weiter übertrugen, sodaß sowohl die erste Firma als auch die Lieferungsgesellschaft umsatzsteuerpflichtig waren (U. v. 7. Jan. 20 II A 171/19 RStR. 1920, 118).

7. Anwendung auf Bezugsvereinigungen.

a) Zweimalige Übertragung des unmittelbaren Besitzes auf Grund von zwei Umsätzen ist angenommen worden in einem Fall, in dem ein Bezugsverein Waren, die er in seinem Namen für seine Mitglieder bestellt hatte und die an ihn adressiert waren, durch seinen Vorstand am Bahnhof in Empfang genommen und sogleich an die einzelnen Mitglieder verteilt hatte; U. v. 15. Nov. 21 V A 79/21 StW. 1922, 173; v. 19. Dez. 22 V A 443/22 (n. v.).

Ebenso, wenn eine Genossenschaft für ihre Mitglieder Waren im eigenen Namen bestellt, am Bahnhof durch ihre Organe in Empfang nimmt und an die Besteller verteilt (U. v. 7. Febr. 22 V A 255/21 n. v.). Ähnlich U. v. 18. Jan. 22 V A 301/21 S. 8, 120, wobei als rechtlich möglich unterstellt worden ist, daß sich die Genossenschaft auch durch die beziehenden Besteller selbst bei der Empfangnahme und der Verteilung vertreten lassen kann.

b) Ein Verein, der eine an ihn adressierte Warensendung von der Bahn in Empfang nimmt und von dort aus an die Besteller verteilt, erwirbt an der Ware den unmittelbaren Besitz, so daß Steuerbefreiung nach § 7 ausscheidet. U. v. 23. Juni 22 V A 305/22 u. 4. Juli 22 V A 327/22 RStBl. 1922, 238; v. 5. März 22 V A 142/21 RStBl. 1922, 192.

c) Ein Bauernverein als Bezugsverein (U. v. 11. Okt. 22 V A 279/22 StW. 1923, 194).

d) Vgl. auch U. v. 4. Mai 23 V A 510/23 RStBl. 1923, 217 — zu a bis d zum Teil überholt durch § 39 DurchfBest.

8. Andere Gestaltung. a) Haben dagegen mehrere Verbraucher einen Vertrauensmann mit dem Einkauf von Waren beauftragt, und schließt der Beauftragte im Namen der Auftraggeber einen Kaufvertrag mit dem Lieferer dergestalt ab, daß die Waren an ihn zu liefern sind, so liegt in der Verteilung der Waren durch den Vertrauensmann an die einzelnen Empfänger kein neues Umsatzsteuergeschäft, sondern die nicht umsatzsteuerpflichtige Abwickelung des Auftrags, U. v. 14. Febr. 22 V A 259/21 (n. v.).

b) Ein Holzhändler hat beim Weiterverkauf des vom Waldeigentümer erworbenen Holzes Anspruch auf die Steuerbefreiung, wenn seine Kunden sich das Holz selbst unmittelbar aus dem Walde abholen oder zufahren lassen (U. v. 7. Febr. 22 V A 249/21 RStBl. 1922, 167).

9. Abschwächung des Grundsatzes. a) Ein Zwischenhändler, der eine mit der Eisenbahn für ihn eintreffende Warensendung im Gewahrsam der Eisenbahn beläßt und unter Ausstellung eines neuen Frachtbriefs die Bahnverwaltung anweist, die Sendung an einen Dritten weiterzubefördern, erwirbt und überträgt keinen unmittelbaren Besitz an der Warensendung (Umkartierung). (U. v. 31. März 22 V A 262/21 S. 9, 34; v. 17. Okt. 22 V A 70/22 DStZ. 11, 1106.)

b) Eine Verkaufsgesellschaft, für die eine Fabrikationsgesellschaft mit den gleichen Inhabern Waren durch ihre Arbeiter und Maschinen herstellen und durch ihre Arbeiter an die Besteller versenden läßt, erlangt nicht schon dadurch Besitz an den Waren, daß sie sich in demselben Geschäftshause befindet wie die Fabrikationsgesellschaft (U. v. 30. Juni 22 V A 319/22 S. 10, 88).

c) Zur Übertragung des unmittelbaren Besitzes auf den Erwerber reicht die Übergabe durch bloßes Besitzkonstitut des Veräußerers nicht aus (U. v. 30. Juni 22 V A 319/22 S. 10, 88).

10. Die Grundsätze über die Übertragung des unmittelbaren Besitzes hatte der RFH. auf die Verteilung elektrischen Stroms und dessen Zuführung durch ein Stromverteilungsunternehmen übertragen, U. v. 28. April 20 II A 62/20 S. 2, 304. Dieses Urteil ist durch die abweichende Regelung in Abs. 2 des § 7 überholt.

III. Besitzvermittler, insbes. Beförderungsunternehmer.

11. Vom bürgerlichen Recht weicht § 7 ab, indem er eine Stellvertretung im Besitz für das Umsatzsteuerrecht anerkennt, insofern der Übertragung des unmittelbaren Besitzes durch einen Unternehmer die Übertragung durch seinen Besitzvermittler, nämlich durch denjenigen gleichsteht, der die Gegenstände auf

Grund eines besonderen mit dem Unternehmer abgeschlossenen Vertrags für diesen besitzt. Hierzu hat der RFH. ein eingehendes Gutachten erlassen, das zu folgendem Ergebnis gelangt: Wenn anläßlich des Verkaufs der bei einem Lagerhalter von A in Verwahrung gegebenen Ware durch A an B und weiter von B an C, A dem B seinen Herausgabeanspruch gegen den Lagerhalter abtritt und nunmehr B durch Vereinbarung mit dem Lagerhalter in den von A abgeschlossenen Verwahrungsvertrag eintritt, muß B die später durch den Lagerhalter an C erfolgte Übergabe gegen sich gelten lassen, sodaß er neben A nach § 7 umsatzsteuerpflichtig wird (G. v. 26. März 20 II D 2/20 S. 2, 328).

12. Diese Wirkung der Besitzübertragung durch einen Vertreter tritt nicht ein, wenn der Besitzvermittler l e d i g l i c h die B e f ö r d e r u n g d e r G e g e n s t ä n d e übernommen hat. Wenn also ein Holzhändler das von ihm ersteigerte, im Walde lagernde Holz durch einen selbständigen Fuhrunternehmer abholen und unmittelbar auf die Bahn zur Weiterbeförderung an seine Kunden bringen läßt, erwirbt und überträgt er daran nicht unmittelbaren Besitz im Sinne von § 7. Er ist umsatzsteuerfrei, Umsatzsteuer hat nur der Waldbesitzer als erster Veräußerer des Holzes zu entrichten (U. v. 11. Okt. 21 V A 34/21 S. 7, 85).

Dasselbe Urteil entfernt sich auch insofern vom bürgerlichen Recht, als es in Anwendung von § 4 RAbgO. ausgesprochen hat, daß ein Holzhändler, der in einer Holzversteigerung im Wald lagerndes Holz zugeschlagen erhält, selbst daran nicht unmittelbaren Besitz im Sinne von § 7 erlangt, wenn er den Erwerb des unmittelbaren Besitzes im Sinne des bürgerlichen Rechts aus § 854 Abs. 2 BGB. („die Einigung des bisherigen Besitzers und des Erwerbers genügt zum Erwerb des Besitzes, wenn der Erwerber in der Lage ist, die Gewalt über die Sache auszuüben") sollte herleiten können, wie z. B. bei der Erteilung einer Zuweisungsbescheinigung seitens der Versteigerer.

13. Mit der Ausnahmevorschrift zugunsten des Zwischenhändlers, der sich eines Beförderungsunternehmens bedient, sind die früheren entgegengesetzten Entscheidungen des RFH., die für das Gesetz von 1918 ergangen waren, überholt. Das gilt von folgenden Urteilen: v. 8. April 21 II A 56/21 RStBl. 1921, 266, v. 16. Juni 20 II A 188/20 RStBl. 1920, 470; 11. März 21 II A 74/21 RStBl. 1921, 205; 5. Juli 21 II A 238/21 RStBl. 1921, 325. Insbesondere kann es jetzt nicht mehr gegen den Zwischenhändler als dessen Steuerpflicht begründend wirken, wenn sein Lieferant die Ware an die Kunden des Zwischenhändlers mit F r a c h t b r i e f e n versendet, die als Absender die Firma des Zwischenhändlers tragen, vgl. für das frühere Recht die entgegengesetzte Auffassung im U. v. 8. April 21 II A 56/21 RStBl. 1921, 266.

14. Für den jetzigen Rechtszustand:

a) Das erschöpfende U. v. 14. März 22 V A 142/21 S. 9, 51, das den K o h l e n z w i s c h e n h a n d e l betrifft: Ein Kohlenhändler bezieht unter seiner Adresse Kohlen. Die ankommenden Wagenladungen sind zum Teil im ganzen für einzelne seiner Kunden bestimmt, zum Teil werden sie für mehrere Kunden verkauft. Wenn im ersteren Falle der Kohlenhändler die Kunden veranlaßt, den angekommenen Wagen bei der Eisenbahn zu entladen und die Kohlen abzufahren, oder wenn er einen selbständigen Fuhrunternehmer beauftragt, die gesamte Wagenladung einem Kunden zuzuführen, so liegt darin nicht die Übertragung des unmittelbaren Besitzes im Sinne des § 7, weil die Besitzvermittler in beiden Fällen die Kohlen nur auf Grund des Beförderungsvertrages besitzen. Nimmt dagegen der Großhändler die Wagenladung selbst in Empfang und führt er sie durch seine Angestellten dem einzigen Abnehmer zu, so überträgt er den unmittelbaren Besitz daran, denn seine Angestellten sind seine Besitzesdiener, damit ist er schon nach bürgerlichem Recht unmittelbarer Besitzer geworden, oder sie besitzen die Kohlen für ihn nicht kraft des Beförderungsvertrages, sondern kraft ihres Dienstverhältnisses. Ebenso überträgt der Kohlenhändler den unmittelbaren Besitz im Sinne des § 7, wenn er die für mehrere Kunden bestimmte, an ihn adressierte Wagenladung selbst oder durch seine Leute oder durch einen von ihm beauftragten selbständigen Fuhrunternehmer in Empfang nimmt, verteilt und den einzelnen Kunden zufahren läßt. Auch im letzteren Falle ist mit dem Fuhrunternehmer ein Vertrag abgeschlossen worden, der sich nicht nur auf Beförderung der Kohlen, sondern darüber hinaus auf deren Verteilung auf die einzelnen Abnehmer bezieht; vgl. auch U. v. 28. Nov. 22 V A 373/22 RStBl. 1923, 49.

b) Dieser letzte Fall ist zur Entscheidung des Großen Senates gebracht worden, der, nunmehr maßgebend, entschieden hat:

Der Rahmen der Beförderung im Sinne des § 7 wird nicht überschritten, wenn ein Fuhrunternehmer im Auftrag eines Zwischenhändlers eine Menge vertretbarer Sachen von einem Dritten in Empfang nimmt und nach Weisung seines Auftraggebers in Teilmengen mehreren Abnehmern zuführt, sofern die Ausscheidung der Teilmengen zur Ausführung des Beförderungsvertrags gehört (U. v. 1. Okt. 23 GS. 1/23 S. 13, 1).

15. Weitere Abschwächungen:

a) Sofern ein Spediteur nichts anderes tut, als von einer Anzahl an ihn gelangender Kisten jede einzeln, entsprechend ihrer besonderen Bezeichnung an die Adressen der aus einer ihm übergebenen Liste sich ergebenden Empfänger zu befördern, liegt ein bloßer Beförderungsvertrag vor. Der Auftraggeber des Spediteurs erlangt und überträgt daher nicht den unmittelbaren Besitz an der Ware im Sinne des § 7. U. v. 9. März 23 V A 42/23 S. 12, 65, v. 27. April 23 V A 115/23 RStBl. 1923, 216.

b) Die Voraussetzung des § 7 Abs. 1 Satz 2, daß der Spediteur lediglich die Beförderung übernommen hat, ist auch dann gegeben, wenn er außer der Beförderung auf Wunsch des Zwischenhändlers auch noch die Beseitigung aller Ursprungsbezeichnungen und Aufschriften der Waren übernommen hat (U. v. 8. Jan. 24 V A 384/23 S. 13, 209).

c) Beim Umschlagverkehr vom Schiff zur Eisenbahn oder von der Eisenbahn auf ein Fuhrwerk bildet die Feststellung des Gewichts der neuen Beförderungseinheiten einen notwendigen Bestandteil der Beförderung im Sinne des § 7. U. v. 30. Sept. 25 V A 197/25 DStZ.

d) Der Rahmen der Beförderung im Sinne des § 7 wird nicht überschritten, wenn ein Beförderungsunternehmer, der im Auftrag eines Zwischenhändlers frei Schiff verkaufte Bunkerkohlen an Bord von Seeschiffen zu verbringen hat, das mit dem Bunkern verbundene Trimmen der Kohlen besorgt (U. v. 23. Mai 24 V A 13/24 S. 14, 28).

16. Umgehungen.

a) Daraus, daß ein Zwischenhändler (eine Färberei) vor Empfang der Waren mit seinen Abnehmern über die an diese weiterverkauften Waren einen auf Bearbeitung dieser Waren (Färben) gerichteten Werkvertrag abschließt, ist nicht herzuleiten, daß er den Besitz der an ihn von seinem Lieferer gesandten Waren auf seine Abnehmer nur in Erfüllung des Werkvertrages und nicht auch in Erfüllung des Kaufvertrags übertrage; er ist daher als umsatzsteuerpflichtig erachtet worden (U. v. 11. März 21 II A 87/21 S. 5, 121).

b) Ein Zwischenhändler, der die Waren vom ersten Lieferer mit der Bahn unmittelbar an die Adresse des Abnehmers senden läßt, gleichzeitig aber mittels besonderen Vertrags dem Abnehmer gegenüber die Beförderung der Waren vom Bahnhof des Bestimmungsorts bis zur Niederlassung des Abnehmers übernimmt, ist nach § 7 umsatzsteuerpflichtig, da aus dem Abschluß des besonderen Vertrags nicht herzuleiten ist, daß der Zwischenhändler den Besitz der von ihm am Bahnhof in Empfang genommenen Waren nur in Erfüllung des Beförderungsvertrags, nicht auch in Erfüllung des Kaufvertrags an seinen Abnehmer übertrage (U. v. 1. Dez. 22 V A 180/22 S. 11, 97). Ähnlich U. v. 28. April 25 V A 64/25 DStZ. 1925, 567.

c) Umgehung der Umsatzsteuerpflicht durch ungewöhnliche Gestaltung der Besitzverhältnisse beim Kommissionsvertrage (U. v. 7. Febr. 22 V A 266/21 S. 8, 163).

d) Mißbrauch im Sinne des § 5 RAbgO. liegt vor, wenn Händler, die die Weiterlieferung des von einer Firma bezogenen Brotes und anderer Waren früher selbständig betrieben, sich dann aber zu einer die gleiche Tätigkeit ausübenden G. m. b. H. zusammengeschlossen haben, trotz Fortsetzung ihrer früheren wirtschaftlichen Tätigkeit in den zwischen ihnen und der G. m. b. H. abgeschlossenen besonderen Verträgen nur als „Brotspediteure" bestellt werden, um dadurch die Steuerbefreiung der Weiterlieferungen auf Grund des § 7 Abs. 1 UStG. 1919 zu erreichen (U. v. 26. Sept. 22 V A 373/22 S. 10, 205).

IV. Nachweis.

17. Der Nachweis des Vorliegens der Befreiungsvorschrift ist trotz § 42 DurchfBest. in jeder Weise möglich, da § 7 keinen Vorbehalt wegen der Buchführung enthält (U. v. 27. Mai 25 V A 123/25 S. 16, 247).

V. Kommissionär.

18. Die Grundsätze des § 7 gelten auch für den Kommissionär, den der RFH. grundsätzlich entsprechend der geschichtlichen Entwickelung und der wirtschaftlichen Bedeutung des Kommissionsgeschäfts wie einen Zwischenhändler behandelt.

a) Bei der Verkaufskommission liegen demnach zwei Umsatzgeschäfte über denselben Gegenstand (das Kommissionsgut) vor (G. v. 20. Juni 19 II D 7/19 S. 1, 40 B, bestätigt durch U. v. 28. Juli 20 II A 219/20

RStBl. 1920, 509). Der Grundsatz ist u. a. angewendet worden auf die Steuerpflicht des den Most bei den Winzern abholenden Weinkommissionärs (U. v. 11. März 21 II A 102/21 RStBl. 1921 S. 201 u. v. 1. April 21 II A 277/20 RStBl. 1921 S. 250) — vgl. dazu jetzt § 40 DurchfBest. —, auf eine Genossenschaft, die Häute und Felle aus den Beständen ihrer Genossen in ihren Besitz brachte und namens der Genossen als Verkaufskommissionär weiterveräußerte (U. v. 6. Mai 21 II A 30/21 RStBl. 1921, 265), auf einen Lotteriekollekteur, der die Lose dem Lotterieunternehmen abnimmt und für eigene Rechnung zur Veräußerung im eigenen Namen weiter verkauft (U. v. 15. April 21 II A 19/21 RStBl. 1921, 250). Der RFH. hat ausdrücklich die Auffassung abgelehnt, daß der Verkaufskommissionär, der die Ware (im entschiedenen Falle Kunsteis) vom Lieferanten mit seinem Geschirr abholt und dem Kunden zuführt, bloß Besitzdiener der Kunden und nicht vielmehr selbst unmittelbarer Besitzer des Eises geworden sei (U. v. 5. Mai 20 II A 119/20 n. v.).

b) Die gleichen Grundsätze gelten für den Einkaufskommissionär. Vgl. U. v. 17. Mai 21 II A 204/21 S. 6, 6, wo die Befreiung der Weiterlieferungen des Einkaufkommissionärs, der an sich steuerpflichtig ist, aus § 2 Nr. 1 hergeleitet wird, weil es sich um den ersten Umsatz eingeführter Gegenstände handelt. Demgemäß wird als umsatzsteuerpflichtig, und zwar als Einkaufskommissionär mit dem erzielten Gesamtentgelt, angesehen: wer gelegentlich einer Versteigerung Kunstgegenstände gewerbsmäßig für bestimmte Auftraggeber durch Zuschlag erwirbt, und zwar auch dann, wenn der Besitz vom Versteigerer unmittelbar auf den Erwerber übertragen wird (U. v. 9. Juni 20 II A 368/19 S. 3, 98).

c) Der RFH. hat weiter ausgesprochen, daß eine Vertragsbestimmung, die einem Einkaufskommissionär die Bestellung eines Besitzdieners zuweist, nach § 5 RAbgO. nicht die Wirkung hat, den Kommissionär gemäß § 7 von der Umsatzsteuer zu befreien (U. v. 7. Febr. 22 V A 266/21 S. 8, 163).

d) Wegen der Höhe des Entgelts beim Kommissionär und der Behandlung seiner Provision vgl. zu § 8 Anm. 18.

19. Bei der mittelbaren Stellvertretung liegt, außer im Falle des Kommissionsgeschäfts im Sinne des Handelsgesetzbuchs, nur ein Umsatz zwischen dem Vertreter und dem Dritten vor (U. v. 18. Okt. 22 VI a A 4/22 S. 10, 351).

§ 8 [§ 8, § 8a].

(1) Die Steuer wird von dem für die steuerpflichtige Leistung vereinnahmten Entgelte berechnet. Erfolgt die Besteuerung nach Zeitabschnitten (§ 15), so ist die Gesamtheit der in den Zeitabschnitten vereinnahmten Entgelte zugrunde zu legen.

(2) In den Fällen des § 1 Nr. 2 tritt an die Stelle des Entgelts der gemeine Wert der entnommenen Gegenstände; dabei ist von den Preisen auszugehen, die am Orte und zur

Zeit der Entnahme für Gegenstände der gleichen oder ähnlichen Art von Wiederverkäufern gezahlt zu werden pflegen.

(3) In den Fällen des § 6 Abs. 2 gilt als Entgelt der Preis des Pfandscheins zuzüglich der Pfandsumme.

(4) Die Anzeigenvermittler (Annoncenexpeditionen) sind befugt, der Berechnung der Umsatzsteuer lediglich die Vermittlungsgebühr zugrunde zu legen, die sie als Entgelt für zugewiesene Anzeigeneinrückungen erhalten, selbst wenn sie hierbei im eigenen Namen und für eigene Rechnung tätig gewesen sind.

(5) Beträge, die vom Leistungsverpflichteten für die Beförderung und Versicherung der Gegenstände, auf die sich die Verpflichtung bezieht, in Rechnung gestellt werden, sind nur insoweit nicht als Teil des Entgelts anzusehen, als durch sie die Auslagen des Leistungsverpflichteten für die Beförderung und Versicherung ersetzt werden.

(6) Die Kosten der Warenumschließung dürfen nur dann vom Entgelt gekürzt werden, wenn die Warenumschließung vom Lieferer zurückgenommen und das Entgelt um den auf sie entfallenden Teil gemindert wird.

(7) Bei Geschäften, deren Abwicklung in einer steuerpflichtigen Leistung jedes der Beteiligten an den andern besteht (z. B. Tauschgeschäften), gilt der Wert jeder der Leistungen als Entgelt für die andere; diese Vorschrift findet bei Hingabe an Zahlungs Statt entsprechende Anwendung.

(8) Ausländische Werte sind nach näherer Bestimmung des Reichsministers der Finanzen umzurechnen.

Vgl. DurchfBest. §§ 43—45. (Spediteure, Sprengstoffe, Umrechnung ausländischer Werte.)

I. Begriff des Entgelts.

1. Gegenleistung für eine Leistung.

a) Vgl. zu § 1 Anm. 8 ff.

b) Als Entgelt für die ursprüngliche Leistung ist auch die Abtretungsvaluta anzusehen. Tritt der Leistende oder Liefernde seine Forderung gegen den Empfänger der Leistung oder Lieferung an einen Dritten ab, so steht die Zahlung der Abtretungsvaluta durch den Dritten der Zahlung des Entgelts durch den Empfänger der Lieferung oder Leistung gleich, denn damit erhält der Leistende wirtschaftlich die Gegenleistung für seine Leistung. Der Betrag, der für die Abtretung der Forderung gewährt worden ist, ist also in die Umsatzsteuererklärung aufzunehmen. Zieht der Dritte später den abgetretenen Forderungsbetrag ein, so erwächst dafür keine Umsatzsteuer (U. v. 17. Dez. 19 II A 292/19 S. 2, 67).

c) Ein Aufschlag zum Hektoliterpreis, den Bierabnehmer, die zugleich Darlehnsschuldner einer Brauerei sind, auf Grund vertraglicher Verpflichtung zur allmählichen Tilgung des Darlehns bei jeder Bierabnahme der Brauerei zahlen müssen, kann bei der Berechnung der Umsatzsteuer nicht in das von der Brauerei vereinnahmte steuerpflichtige Entgelt eingerechnet werden (U. v. 16. Febr. 23 V A 43/23 S. 11, 344).

II. Vereinnahmung des Entgelts.

2. Das Entgelt braucht nicht bar entrichtet zu werden.

a) Die Übernahme von Hypotheken und Grundschulden stellt die Vereinnahmung des Entgelts für das verkaufte Grundstück dar (U. v. 16. Nov. 20 II A 237/20 RStBl. 1921, 10, U. v. 28. Jan. 21 II A 42/21 S. 4, 278, U. v. 29. Nov. 21 V A 96/21 n. v.), ebenso die Übernahme von Schiffshypotheken (U. v. 16. Nov. 20 II A 237/20 n. v.).

b) Auch die Bestellung einer Verkehrshypothek für einen Teil des Verkaufspreises (Kaufgeldhypothek) durch den Erwerber bildet bei der Veräußerung von Grundstücken einen Teil des vereinnahmten Entgelts, denn damit erwirbt der Veräußerer ein Rechtsgut, das er selbständig verwerten kann (U. v. 4. Okt. 21 V A 58/21 S. 7, 67).

c) Bei Hingabe eines Wechsels zahlungshalber ist das Entgelt mit der Gutschrift oder Wertstellung der Diskontsumme des diskontierten Wechsels als vereinnahmt anzusehen (U. v. 16. April 26 V A 236/26 (zur amtl. Veröff. bestimmt).

3. a) Bei Abschlagszahlungen oder Teilleistungen aus einem Vertrag ist für die Umsatzsteuer nicht der Zeitpunkt der Schlußabrechnung oder der Restzahlung, sondern der Tag der tatsächlichen Vereinnahmung der Raten maßgebend (U. v. 20. April 23 V A 73/23 S. 12, 84).

b) Eine bei Kaufabschluß geleistete „Sicherheitsleistung" kann Bezahlung sein (U. v. 6. Okt. 23 V A 273/23 n. v.).

4. Im Kontokorrentverkehre sind alle für umsatzsteuerpflichtige Leistungen dem Schuldner zur Last geschriebenen Entgelte mit dem Zeitpunkt der Einstellung in das Kontokorrent als vereinnahmt im Sinne von § 8 Abs. 1 anzusehen. Die im Zinssaldo verrechneten Zinsen bilden keinen Bestandteil der vereinnahmten Entgelte. Die Anerkennung des Abschlußergebnisses (Saldo) einer Rechnungsperiode ist ohne Bedeutung für die Vereinnahmung der umsatzsteuerpflichtigen Entgelte (G. v. 10. Okt. 24 V D 4/24 S. 14, 254).

III. Höhe des Entgelts.

5. Entgelt ist nicht bloß, was der Leistende für sich behalten darf, sondern der gesamte Betrag, den der Abnehmer aufwenden muß, um die Lieferung oder Leistung zu erhalten.

Spesen und Aufwendungen, die in dem Entgelt mit enthalten sind, dürfen daher nicht abgezogen werden. Das ist ausgesprochen worden für Mäklergebühren, die der Erwerber eines Grundstücks im

Kaufpreis mit übernimmt (B. v. 16. Nov. 20 II A 237/20 RStBl. 1921 S. 10), für Reisekosten, die der Leistende aufzuwenden hat, um die Leistung zu bewirken (U. v. 5. Nov. 19 II A 249/19 AM. 1919, 415), für den nach Abschaffung des Trinkgeldes im Gasthofsgewerbe üblichen Bedienungszuschlag ohne Rücksicht darauf, ob die Angestellten vom Wirt ein festes Gehalt oder einen bestimmten Prozentsatz der Rechnung erhalten (U. v. 3. Juni 21 II A 233/21 S. 6, 84) und ohne Rücksicht darauf, ob die Gäste zur Zahlung des Zuschlags rechtlich verpflichtet sind oder ob sie ihn nur in Rücksicht auf die Verkehrssitte zahlen oder ob ihn die Angestellten an den Wirt abliefern oder als Entlohnung für ihre Dienste zurückbehalten (U. v. 5. März 26 V A 71/26 S. 18, 305); für sonstige Auslagen (U. v. 28. März 22 V A 26/22 RStBl. 1922, 207); für die Vergütung, die die Überbringer von Milch durch Abzug vom abzuliefernden Kaufpreis erhalten (U. v. 6. Febr. 25 V A 225/25 RStBl. 1925, 259).

6. Deshalb ist die Vergütung, die von der Reichsbank für die Unterbringung der neunten Kriegsanleihe an eine Großbank gewährt wurde, Entgelt für die gesamte von dieser dabei entfaltete Tätigkeit und in vollem Umfang bei ihr umsatzsteuerpflichtig und, auch soweit sie von ihr wiederum an Unternehmerbanken und andere Stellen für die Unterbringung der Kriegsanleihe gewährt worden ist, nicht lediglich durchlaufender Posten (U. v. 11. Okt. 21 V A 77/21 n. v.).

7. Bei einer Versteigerung bildet der Steigerungspreis für die Ware und die Gebühr des versteigernden Auktionators, sofern der Erwerber der versteigerten Ware beides bezahlt, das zu entrichtende und demnach auch zu versteuernde Entgelt. Gleichgültig ist, ob der versteigernde Auktionator Beamter ist oder nicht (U. v. 31. Jan. 22 V A 124/21 S. 9, 63).

8. Unter dem gleichen Gesichtspunkt sind die Auslagen-Pauschalsätze der Rechtsanwälte umsatzsteuerpflichtig (G. v. 10. Nov. 20 II D 7/20 S. 3, 351), ebenso die Barauslagen (Fahrkosten, Spesen der Angestellten, Auslagen bei Ankauf von Überführungsstücken bei Hehlern), deren Erstattung sich ein Privatdetektiv versprechen läßt (U. v. 28. März 22 V A 26/22 StA. 1922, 137).

9. Ebenso gehören Verpflegungsgelder, die ein Trainer vom Rennstallbesitzer zur Beschaffung von Streu und Futter für die ihm anvertrauten Pferde und zur Entlohnung der Stalleute empfängt, zum umsatzsteuerpflichtigen Entgelt; denn der Trainer haftet für den Erfolg, für die gute Form der Pferde. Durchlaufende Posten (vgl. Anm. 15) liegen nicht vor, weil der Auftraggeber nicht Schuldner der dritten Empfänger des Geldes ist (U. v. 28. März 22 V A 211/21 RStBl. 1922, 281).

10. Unter Umständen kann das Entgelt sogar lediglich in den Selbstkosten des Leistenden bestehen, so bei einer Gesellschaft, die ihren Gesellschaftern Lagerräume und Fuhrwerk gegen Erstattung der von der Gesellschaft aufgewendeten Gehälter und Löhne zur Verfügung stellt (U. v. 6. Okt. 20 II A 189/20 S. 3, 281); ferner bei einer Stadtgemeinde, die den Betrieb einer staatlichen Straßenbahnstrecke gegen Ersatz der Aufwendungen übernommen hat (U. v. 13. März 25 V 31/25 S. 16, 28).

11. Auslagen eines praktischen Arztes für Arzneimittel und Verbandstoffe, die er aus der Apotheke im ganzen und im eigenen Namen bezieht und seinen Kranken verabreicht, sowie für Blutuntersuchungen, die er nach den von ihm selbst den Kranken entnommenen Blutproben, sei es auch mit deren Vorwissen, durch eine Blutuntersuchungsstelle vornehmen läßt, sind bei ihm nicht durchlaufende Posten, sondern gehören zum umsatzsteuerpflichtigen Entgelt (U. v. 12. Dez. 22 V A 564/22 S. 11, 98).

12. Aus den gleichen Erwägungen ist grundsätzlich der Abzug indirekter Abgaben, die den Leistenden wegen der Leistung treffen, für unzulässig erklärt worden.

a) So für die Weinsteuer, die vom Lieferer dem Abnehmer in Rechnung gestellt wird (U. v. 23. Dez. 19 II A 339/19 RStBl. 1920, 158 u. U. v. 23. Juli 19 II A 92/19 S. 1, 137, v. 12. Juli 22 V A 381/22 u. v.).

b) Für die Lustbarkeitssteuer (Vergnügungssteuer), die die Theater, Lichtspielunternehmungen und dgl. zu entrichten haben, auch wenn sie in Form von Kartensteuer erhoben wird (U. v. 23. Juli 19 II A 140/19 S. 1, 140, U. v. 28. Jan. 20 II A 408/20 RStBl. 1921, 136, U. v. 25. Febr. 20 II A 213/20 DStBl. 3, 85, U. v. 11. Febr. 21 II A 21/21 RStBl. 1921, 177). Daran, daß die Vergnügungssteuer, auch wenn sie nach dem Wortlaut der Steuerordnung von den Besuchern der Veranstaltung zu entrichten ist, nach ihrer Ausgestaltung als Teil des umsatzsteuerpflichtigen Entgelts anzusehen ist, weil trotz jener Fassung nicht die einzelnen Besucher, sondern der Unternehmer der Veranstaltung der Steuerschuldner der Gemeinde ist, hat der RFH. in mehreren Entscheidungen festgehalten (U. v. 10. Nov. 21 V A 201/21 S. 7, 306, U. v. 24. Jan. 22 V A 46/21 RStBl. 1922, 126).

c) Für den Tabaksteuerbetrag, den ein Zigarettenhersteller gemäß § 9 TabStG. entrichtet und in das von den Zigarettenabnehmern zu leistende Entgelt eingerechnet oder dem Abnehmer besonders in Rechnung gestellt hat (U. v. 28. April 25 V A 52/25 RStBl. 1925, 110).

d) Eine gemeindliche Beherbergungssteuer (Fremdensteuer), die der Vermieter dem Fremden in Rechnung stellt, gehört jedenfalls dann zum umsatzsteuerpflichtigen Entgelt für die Beherbergung, wenn sie ortsgesetzlich der Gemeinde vom Vermieter geschuldet wird (U. v. 7. März 22 V A 181/21 S. 8, 174; vgl. U. V A 290/21 RStBl. 1922, 168; v. 22. Nov. 22 VI a A 95/22 RStBl. 1923, 46).

Sie gehört auch dann zum umsatzsteuerpflichtigen Entgelt für die Beherbergung, wenn in der Gemeindesteuerordnung der Mieter (Gast) als Steuerschuldner bezeichnet, der Vermieter aber verpflichtet ist, die Fremdensteuer von dem Mieter einzuziehen und an die Gemeindesteuerverwaltung abzuliefern (U. v 26. Okt. 23 V A 350, 351/23 S. 13, 48).

e) Das Gleiche gilt für die Umlagen, die nach § 5 der Bek v. 30 Nov 19 über den Verkehr mit Zündwaren von dem Hersteller inländischer Zündwaren zur Herbeiführung eines Preisausgleichs zwischen inländischen und ausländischen Streichhölzern erhoben wird (U. v. 29. Nov. 21 V A 35/21 RStBl. 1922, 24).

f) Zuschläge, die eine Stadtverwaltung auf den Gaspreis erhebt und die von dem Gaswerk eingezogen werden, bilden einen Teil des von dem Gaswerk vereinnahmten umsatzsteuerpflichtigen Entgelts (U. v 30. März 26 V A 109/126, RStBl. 1926, S. 166)

g) Unzulässig ist demnach auch der Abzug der Umsatzsteuer selbst, die in dem Preise enthalten ist (U. v. 17. Sept. 19 II A 189/19 S. 1, 167). Doch besteht hiervon eine Ausnahme dann, wenn die Steuer zulässigerweise neben der gesetzlich bemessenen Gebühr nach § 11 Abs. 1 S. 1 des Ges. dem Abnehmer gesondert in Rechnung gestellt wird (U. v. 4. März 21 II A 372/20 S. 5, 93).

13. Entgelt ist die Vergütung für Verluste der bei den Micumverträgen beteiligten Unternehmungen bei der Verwertung von E-Schatzanweisungen, soweit sie diese Abschlagszahlung für die Lieferungen vom Reiche empfangen haben (G. v. 21. April 25 V D 4/25 S. 16, 136).

14. Selbstverständlich dürfen auch beim Eigenverbrauch keine Werbungskosten abgezogen werden (U. v. 5. Mai 22 V A 249/22 StW. 1923 Nr. 1020).

15. a) Anders sind durchlaufende Gelder zu beurteilen, die der Leistende gewissermaßen für den Empfänger der Leistung verauslagt; vgl. U. v. 24. Juni 21 II A 223/21 S. 6, 93, wo freilich eine genaue Klarstellung des Begriffs der durchlaufenden Posten noch nicht gegeben wird.

b) Stellt ein Unternehmer einem Bergwerk Arbeiter, die nach Anweisung des Bergwerkes tätig zu sein haben, ohne daß der Unternehmer für den Erfolg der Tätigkeit der Arbeiter einzutreten hat, und übernimmt er dabei die Lohnauszahlung für das Werk unter Kürzung einer Provision für seine Tätigkeit, so besteht seine Leistung in der Gestellung der Arbeiter (Werkvertrag) und in der Vornahme der Lohnzahlung (Dienstvertrag), das umsatzsteuerpflichtige Entgelt dafür nur in der Provision, die Lohnbeträge sind durchlaufende Gelder (U. v. 3. Juli 22 V A 19/22 S. 10, 92).

c) Als durchlaufende Gelder sind Fleischbeschaugebühren angesehen worden, die ein Tierarzt neben seinen eigenen Gebühren einhebt und an die forderungsberechtigte Kreiskasse abführt (U. v. 22. Juni 23 V A 125/23 n. v.).

16. Beförderungskosten.

a) Ein Zeitungsverleger ist für den dem Zeitungsausträger zustehenden Trägerlohn nicht umsatzsteuerpflichtig, wenn dieser im einzelnen Falle seinem Monatsbetrage nach feststeht und den Beziehern durch Vordruck am Kopfe der Zeitung allgemein bekanntgegeben wird. Dies gilt insbesondere dann, wenn der Zeitungsträger vom Bezieher monatlich den Gesamtbezugspreis einhebt, den Trägerlohn für sich zurückbehält und nur den Rest dem Verleger abliefert (U. v. 4. Mai 23 V A 142/23 S. 12, 190).

b) Die Auslagen des Leistungsverpflichteten für die Beförderung von Gegenständen dürfen von dem steuerpflichtigen Entgelt dann nicht abgezogen werden, wenn die Beförderungsleistung die einzige Leistung des Leistungsverpflichteten bildet (U. v. 20. April 23 V A 112/23 StA. 1923, 178).

c) Portounkosten eines Bankgeschäftsinhabers für die Einreichung von Kriegsanleihestücken, für die Einziehung von Zinsscheinen und für die Einreichung neuer Bogen der von ihm verwahrten Wertpapiere sind dann nicht als Teil des steuerpflichtigen Entgelts anzusehen, wenn sie dem einzelnen Kunden als Auslagen für die Beförderung von Gegenständen der Verwahrung für die einzelne steuerpflichtige Leistung mit dem wirklich geschuldeten Betrag in Rechnung gestellt werden, dagegen als Generalunkosten steuerpflichtig, wenn ihr Gesamtbetrag lediglich auf sämtliche beteiligte Kunden nach irgendeinem Schlüssel umgelegt wird (U. v. 4. Juli 22 V A 62/22 S. 10, 90).

d) Kaigebühren, die ein Spediteur auslegt, als Kosten der Beförderung (U. v. 17. Febr. 25 V A 83/24 S. 15, 320).

e) Zur Inrechnungstellung von Versendungskosten ist nur nötig, daß der Bezieher erkennt, welche aufgewendeten Auslagen der Liefernde von ihm zugleich mit dem Entgelt für die Ware verlangt. Gleichgültig ist, ob ein Nettopreis vereinbart wird und dazu die Versendungskosten aufgeschlagen werden, oder ob ein diese mitumfassender Gesamtpreis ausgeworfen wird, wenn er nur in die Berechnungsposten, bestehend aus dem Nettopreis und den Versendungskosten, in einer dem Empfänger erkennbaren Weise zerlegt wird. Es ist nicht erforderlich, daß diese Zerlegung schon beim Abschluß des Kaufvertrags ziffermäßig zum Ausdruck kommt, es genügt auch die Zerlegung gelegentlich der Übersendung mindestens dann, wenn aus der Bestellung hervorgeht, daß nach Absicht der Vertragschließenden im Kaufpreis für die Ware die von vornherein in ihrem Betrage feststehenden und beiden Teilen bekannten Versendungskosten eingerechnet sind (U. v. 12. Febr. 26 V A 296/25 S. 18, 336).

IV. Kommissionsgeschäft.

17. a) Die Anwendung vorstehender Grundsätze auf den Verkaufskommissionär ergibt, daß seiner Besteuerung das gesamte an ihn für den Verkauf vom Käufer entrichtete Entgelt, ohne Abzug seiner Provision, zu Grunde zu legen ist (G. v. 20. Juni 19 II D 7/19 S. 1, 40 B). Demnach ist eine Verlagsfirma, die die ihr von den Verfassern übertragenen Rechte zur Aufführung von Bühnenwerken den Bühnenleitungen überträgt und dabei in eigenem Namen handelt, wie ein Verkaufskommissionär mit dem vollen erhaltenen Entgelt umsatzsteuerpflichtig (U. v. 27. Mai 21 II A 198/21 S. 6, 35). Für den Anzeigenvermittler (Annoncenexpedition) bestimmt jetzt das Gesetz eine positive Ausnahme, wodurch sich das G. v. 28. April 20 II D 3/20 S. 2, 333 und das U. v. 3. Dez. 20 II A 185/20 S. 4, 91 erledigt haben.

b) Ebenso ist der Einkaufskommissionär mit dem Gesamtentgelte, das er für die für fremde Rechnung erworbenen Waren erhält, und nicht etwa nur mit seiner Provision steuerpflichtig (U. v. 21. Dez. 21 StW. 1922, 282).

18. Die unabweisbare Folge dieser Gestaltung ist, daß der Kommissionär dann, wenn er nicht selbst oder durch einen Besitzvermittler, der kein Beförderungsunternehmer ist, in den Besitz der Ware gelangt und ihn weiterüberträgt, nach § 7 völlig umsatzsteuerfrei ist, also nicht etwa — wie der Agent (U. v. 6. Mai 21 II A 121/21 Ind. Mitt. 1921, 165) — seine Provision unter dem Gesichtspunkt der Vergütung für seine Dienstleistung zu versteuern hat (G. v. 11. Febr. 21 II D 10/20 S. 4, 316, U. v. 1. April 21 II A 277/20 S. 5, 185). Ebenso für die verlängerte Einfuhr durch einen deutschen Einfuhrkommissionär (G. v. 28. April 25 V D 3/25 S. 16, 166).

Dementsprechend war schon vorher ausgesprochen worden, daß die dem Zwischenhändler nach § 4 des Umsatzsteuergesetzes 1918 zustehende Steuerbefreiung sich auf das ganze Umsatzsteuergeschäft bezieht, da die vermittelnde Tätigkeit, die der Zwischenhändler zwischen seinem Lieferer und dem Abnehmer ausübt, von dem Begriff der Lieferung mit umfaßt wird und nicht unter die „sonstigen Leistungen" des § 1 Abs. 1 des Gesetzes fällt (U. v. 22. Okt. 19 II A 272/19 S. 1, 230).

d) Im übrigen vgl. zu § 7 Anm. 18.

V. Tausch.

19. Werden Wertpapiere als Entgelt geleistet, so ist ihr Wert maßgebend (U. v. 16. Jan. 25 V A 89/24 DStW. 1925, 397).

20. Bei einem Tausch mit Baraufzahlung gilt als Entgelt für die geringerwertige Sachleistung des einen Vertragsteils der um die Baraufzahlung gekürzte Wert der höherwertigen Sachleistung des anderen Teils (U. v. 8. Jan. 26 V A 360/25 S. 18, 103).

21. Der Umtausch ist kein Tauschgeschäft im Sinne des § 8 Abs. 8. Ein Umtausch liegt vor, wenn der gelieferte Gegenstand an den Lieferer zurückgegeben, dessen Erfüllungshandlung also vertragsmäßig rückgängig gemacht und dafür vom Lieferer in erneuter Erfüllung des ursprünglichen Lieferungsvertrags ein anderer Gegenstand geliefert wird (U. v. 7. März 22 V A 295/21 RStBl. 1922, 184).

22. Umtauschmüllerei usw.: vgl. Anm. 3 c zu § 6.

§ 9 [§ 9].

(1) Auf Antrag kann das Finanzamt gestatten, daß die Steuer nicht nach den vereinnahmten Entgelten, sondern nach den Entgelten für die bewirkten Leistungen ohne Rücksicht auf die Vereinnahmung berechnet wird. Der Antrag kann auf einen von mehreren gesonderten Betrieben desselben Steuerpflichtigen beschränkt werden. Dem Antrag ist nur stattzugeben, wenn Bücher nach kaufmännischen Grundsätzen geführt werden.

(2) Ist die Besteuerung nach den Entgelten für die bewirkten Leistungen gestattet, so finden die Vorschriften dieses Gesetzes mit der Maßgabe Anwendung, daß, soweit in ihnen von den vereinnahmten Entgelten gehandelt wird, an deren Stelle die Entgelte für die bewirkten Leistungen treten.

(3) Einen Übergang von einer zur anderen Versteuerungsart kann das Finanzamt zur Sicherung des Steueraufkommens an Bedingungen knüpfen, über die der Reichsminister der Finanzen nähere Bestimmungen erläßt.

Vgl. DurchfBest. § 46. (Wechsel in der Besteuerungsart.)

1. Versteuerung nach Lieferungen (U. v. 22. Febr. 24 V A 288/22 AStR. 1924, 152).

2. Ausgleich entsprechend den späteren Eingängen (U. v. 9. Jan. 25 V A 32/24 S. 15, 310).

3. Die Vorschrift des § 31 Abs. 2 AusfBest. z. UStG. in der Fassung vom 6. Mai 1922, wonach auch bei der Versteuerung der Solleinnahme (§ 9 UStG.) schließlich immer nur das wirklich vereinnahmte Entgelt (§ 8 UStG.) den Steuermaßstab bildet, entspricht dem Gesetze (U. v. 9. Jan. 25 V A 32/24 S. 15, 310).

4. Vgl. auch Anm. 4 zu § 8 (Kontokorrent).

§ 10 [§ 11].

(1) Die Steuer ist in den Fällen des § 1 Nr. 1 und 2 von demjenigen zu entrichten, der die gewerbliche oder berufliche Tätigkeit ausübt. Dabei werden die in mehreren Betrieben desselben Steuerpflichtigen vereinnahmten Entgelte zusammengerechnet.

(2) Im Falle des § 1 Nr. 3 liegt die Entrichtung der Steuer dem Versteigerer ob, und zwar auch dann, wenn der Auftraggeber eine selbständige berufliche oder gewerbliche Tätigkeit ausübt. Er ist berechtigt, sich bei seinem Auftraggeber für die entrichteten Steuerbeträge schadlos zu halten.

1. Die Umsatzsteuerveranlagung erfolgt für alle Niederlassungen eines Unternehmens einheitlich durch das Umsatzsteueramt des Sitzes der Leitung des Unternehmens (U. v. 16. Sept. 21 I B 333/21 BA. 1922, 230).

2. Auch Gesellschaften, die nicht rechtsfähig sind, können Schuldner der Umsatzsteuer sein (U. v. 27. März 25 V A 39/25 n. v.). Für ihre Umsatzsteuerschulden haften neben der Gesellschaft die einzelnen Gesellschafter persönlich nach § 93 RAbgO. Die Steuerschuld entsteht durch die wirtschaftliche Betätigung der Gesellschaft. Die einzelnen Gesellschafter müssen die aus dieser Betätigung der Geschäftsführer der Gesellschaft entstehenden steuerlichen Folgen ebenso gegen sich gelten lassen wie die zivilrechtlichen Folgen aus der Betätigung der Gesellschafter auf Grund ihrer Befugnis zur Geschäftsführung und Vertretung (U. v. 25. Febr. 21 II A 104/21 S. 5, 48, v. 19. Sept. 22 V A 322/22 n. v.).

3. Nichtrechtsfähige Genossenschaften, z. B. die Milchgenossenschaft, die von den Kuhhaltern einer Gemeinde gebildet wird, können als solche umsatzsteuerpflichtig gemacht werden (U. v. 7. Febr. 22 V A 156/21 RStBl. 1922, 281; Umsatzsteuerpflicht eines nicht rechtsfähigen Vereins: U. v. 11. Okt. 22 V A 279/22 StW. 1923, 188. Anders bloße Innengesellschaften, vgl. Anm. 3b zu § 1).

4. Der Geschäftsübernehmer haftet nach § 96 RAbgO. auch dann für die Umsatzsteuer, wenn die Firma des übernommenen Geschäfts von ihm nicht fortgeführt wird (U. v. 24. Nov. 21 V A 219/21 n. v.).

5. Der Erbe des Unternehmers, der dessen Gewerbebetrieb fortsetzt, ist Schuldner wegen der Entgelte, die er für Lieferungen des Erblassers vereinnahmt (U. v. 12. Okt. 23 V A 276/23 n. v.).

6. Dem Konkursverwalter liegen, soweit seine Verwaltung reicht, die Pflichten des Steuerpflichtigen ob (U. v. 7. Nov. 22 V A 400/22 S. 10, 348).

7. Versteigerer im Sinne des UStG. 1919 ist der selbständige Veranstalter einer Versteigerung, nicht der Auftraggeber. Ob der Veranstalter persönlich die Gebote entgegennimmt und den Zuschlag erteilt, ist unerheblich (U. v. 30. Juni 24 GS. 1/24 S. 14, 54).

Damit sind die früheren abweichenden Entscheidungen, insbes. U. v. 11. Juli 22 V A 184/22 S. 10, 95 u. 5. Dez. 22 V A 275/22 S. 11, 77 überholt.

8. Versteigert eine Genossenschaft für Rechnung ihrer Mitglieder die von ihnen gewonnenen Felle und Häute von Schlachttieren, so ist die Versteigerung auch dann als im Namen der Mitglieder erfolgt anzusehen, wenn die Genossenschaft die Felle und Häute nur numeriert, die Nummern aber laufend in ein Lagerbuch auf den Namen der Einlieferer einträgt und dieses Verfahren den Erstehern bekannt ist. Es ist daher nur einmal Umsatzsteuer, und zwar von der versteigernden Genossenschaft zu entrichten (U. v. 8. Juli 22 V A 348/22 n. v.).

9. Der Auftraggeber des Versteigerers ist nicht Steuerschuldner. Werden Waren im Wege des Selbsthilfeverkaufes versteigert, so kann das Rechtsmittel gegen die von der Versteigerung durch den Versteigerer entrichtete Umsatzsteuer nur vom Versteigerer, nicht auch vom Auftraggeber, eingelegt werden (U. v. 4. Jan. 22 V A 22/21 S. 7, 348).

10. Zahlt bei einer Lieferung auf Grund einer Versteigerung der Auftraggeber die Umsatzsteuer, so liegt Zahlung durch einen Dritten im Sinne von § 267 Abs. 1 BGB. vor. Dem Auftraggeber, der bei einer Lieferung auf Grund einer Versteigerung die Umsatzsteuer gezahlt hat, steht kein Erstattungsanspruch aus ungerechtfertigter Bereicherung gegen den Steuerfiskus zu. Er kann aber von dem Versteigerer auf Grund des bürgerlich-rechtlichen Auftragsverhältnisses gegen Vorschuß der Kosten die Einlegung von Rechtsmitteln gegen den Steuerbescheid verlangen. Ein eigener Steuerschutz steht ihm nach den Steuergesetzen nicht zu (U. v. 24. Jan. 22 V A 282/21 S. 8, 157).

11. Rechtsstellung des Versteigerers und des Auftraggebers bei umsatzsteuerpflichtigen Versteigerungen (U. v. 29. Nov. 22 VI a A 109 RStBl. 1923, 46).

§ 11 [§ 12].

(1) Der Steuerpflichtige ist nicht berechtigt, die Steuer dem Leistungsberechtigten neben dem Entgelte ganz oder teilweise gesondert in Rechnung zu stellen, es sei denn, daß als Entgelt für eine Leistung gesetzlich bemessene Gebühren angesetzt werden. Der Abnehmer aus einem Lieferungsvertrag ist nicht berechtigt, das ihm von seinem Lieferer in Rechnung gestellte Entgelt um

die bei der Weiterveräußerung des Gegenstandes fällige Steuer zu kürzen.

(2) Auf eine Vereinbarung, die den vorstehenden Vorschriften entgegensteht, kann sich der Steuerpflichtige, im Falle des Abs. 1 Satz 2 der Abnehmer, nicht berufen.

Vgl. DurchfBest. §§ 47 und 48.

1. Höchstpreise stehen der Erhebung der Umsatzsteuer nicht entgegen (U. v. 29. Nov. 21 V A 35/21 n. v.).

2. § 12 gilt nicht für Übergangszeiten. RG. v. 7. Okt. 24 E 109, 1.

3. Der Käufer einer Ware kann gegen den Verkäufer keine Ansprüche wegen ungerechtfertigter Bereicherung erheben, weil der Verkäufer nach Abschluß des Kaufvertrags von der Umsatzsteuer befreit wurde. RG. v. 22. Okt. 24 E 109, 94.

4. Inrechnungstellung der Umsatzsteuer durch den von der Buchführungspflicht befreiten Notar. KG. 15. Juni 23 I a X 388/23 RStR. 1924, 329.

§ 12 [§ 13].

Die Steuer beträgt bei jedem steuerpflichtigen Umsatz siebenundeinhalb vom Tausend des Entgelts.

§ 13 [§ 31].

Die Steuerpflichtigen sind verpflichtet, zur Feststellung der Entgelte Aufzeichnungen zu machen. Der Reichsminister der Finanzen trifft hierüber mit Zustimmung des Reichsrats nähere Bestimmungen; sie treten außer Kraft, wenn der Reichstag es verlangt.

Vgl. DurchfBest. §§ 49—56.

1. Aufzeichnungen lediglich der Ausgaben genügen nicht. RGStr. 10. Mai 26 2 D 154/26 VIII 320.

2. Umfang der Buchführungspflicht (U. v. 23. März 23 V A 568/22 RStBl. 1923 S. 215).

3. Wenn § 13 die Steuerpflichtigen für verpflichtet erklärt, Aufzeichnungen zu machen, und § 89 der AusfBest., jetzt § 49 DurchfBest., nähere Anordnungen darüber trifft, in welcher Weise der Aufzeichnungspflicht zu genügen ist, so hat der Steuerpflichtige Anspruch darauf, daß die Aufzeichnungen vom Finanzamt dahin geprüft werden, ob sie den DurchfBest. und den Vorschriften im § 162 der RAbgO. entsprechen. Bleiben noch Zweifel, so hat das Finanzamt zu versuchen, sie durch Benehmen mit dem Steuerpflichtigen zu beheben, ehe zur Schätzung gegriffen wird (U. v. 4. Okt. 21 V A 98/21 n. v.).

4. Die Vorschriften in §§ 88 bis 90 Ausf.Best., jetzt § 49 DurchfBest., gelten nicht nur für Kaufleute im Sinne des HGB., sondern für alle Steuerpflichtigen. U. v. 30. Sept. 25 V A 232/25 RStBl. 1925, 211.

5. Wenn die vorgeschriebenen Aufzeichnungen nicht gemacht sind, ist gegen die Schätzung der in einem landwirtschaftlichen Betrieb erzielten Entgelte nach Normalzahlen, die Sachverständige für einen größeren Bezirk bei Nachbarbetrieben, abgestuft nach der Größe der Betriebe, nach dem Hektar ermittelt haben, nichts einzuwenden. Vorausgesetzt wird dabei, daß nicht besondere Verhältnisse vorliegen, die die Anwendbarkeit der allgemeinen Erfahrungssätze in dem besonderen Falle ausschließen (U. v. 29. Nov. 21 V A 86/21 S. 7, 259).

6. Wenn jemand ein Geschäft während eines Steuerabschnitts übernimmt und damit in die Steuerschuld für den abgelaufenen Teil des Steuerabschnitts nach § 96 RAbgO. eintritt, muß er auch ein schuldhaftes Verhalten seines Vormanns in Ansehung der Aufzeichnungspflicht insofern gegen sich gelten lassen, als er sich dem Schätzungsverfahren unter Ausschluß der Anfechtung im Berufungsverfahren nach § 210 der RAbgO. unterwerfen muß (U. v. 7. Febr. 22 V A 182/22 n. v.).

§ 14 [§ 32].

(1) Wer eine gewerbliche oder berufliche Tätigkeit im Sinne des § 1 Nr. 1 ausübt, unterliegt der Steueraufsicht.

(2) Hat ein Steuerpflichtiger die Umsatzsteuer mehrfach nicht rechtzeitig entrichtet oder liegen Gründe vor, aus denen der Eingang der Umsatzsteuer gefährdet erscheint, so kann das Finanzamt verlangen, daß die auf die Steuer zu leistenden Zahlungen jeweils zu einem vom Finanzamt zu bestimmenden, vor der gesetzlichen Fälligkeit aber nach der Entstehung der Steuerschuld liegenden Zeitpunkt entrichtet werden oder daß Sicherheit geleistet wird.

Vgl. DurchfBest. §§ 57—60 (Steueraufsicht beim Straßenhandel).

1. Aus § 32 Abs. 1 kann nicht die Befugnis des Finanzamts hergeleitet werden, von einem Gewerbetreibenden Listen seiner Lieferer zu verlangen, um mit deren Hilfe steuerpflichtigen Fällen nachzuforschen (U. v. 21. April 22 V A 223/22 S. 9, 145).

2. Die Einlösung eines Steuerheftes durch Straßenhändler dient zur Sicherung der Steuer im Sinne von § 195 AO. und konnte als Steueraufsichtsmaßnahme in §§ 177 ff. AusfBest., jetzt § 59 DurchfBest., allgemein angeordnet werden (U. v. 30. Mai 24 V A 14/24 S. 14, 71).

3. Geschäftsräume im Sinne des § 198 der RAbgO. sind die Räume, in denen die in Frage kommenden Geschäfte geführt werden. Führt ein gewerblicher Betrieb seine Buchführung in besonderen Büroräumen, so sind für die Buchprüfung daher nur die Büroräume als Geschäftsräume und nur die Bürostunden als übliche Geschäftsstunden im Sinne des § 198 der RAbgO. anzusehen. Das Gleiche gilt für § 115 Abs. 1 Nr. 3 der AusfBest. zum UStG. 1919, jetzt § 18 AusfBest., wobei dahingestellt bleibt, ob die in dieser Bestimmung enthaltene Umschreibung des Begriffs der

üblichen Geschäftsstunden gegenüber dem § 189 der RAbgO. rechtswirksam ist (U. v. 9. Juni 22 V A 280/21 n. v.).

4. Die Anordnung an den Steuerpflichtigen, Geschäftsbücher, Papiere und sonstige Unterlagen zu der von ihm eingereichten Umsatzsteuererklärung vorzulegen, ist im Rahmen der allgemeinen Steueraufsicht und zu dem Zwecke zulässig, um neue Tatsachen und Beweise für eine Neuveranlagung zu ermitteln (U. v. 26. Sept. 22 V A 430/22 S. 10, 209).

5. Das Finanzamt darf in Ausübung der Steueraufsicht Prüfungen von Büchern, Aufzeichnungen und Verzeichnissen nicht nur in den Geschäftsräumen des Steuerpflichtigen vornehmen, sondern überall da, wo der Steuerpflichtige während der Ausübung der Geschäftstätigkeit seine Geschäftsbücher untergebracht hat. Insbesondere ist das Finanzamt befugt, die Prüfung der Kontrollbücher, welche die Viehhändler auf Grund der §§ 20—23 der AusfVorschr. zum Viehseuchengesetze vom 7. Dez. 1911 zu führen haben, auch auf der Landstraße, auf Messen und Märkten und bei ähnlichen Gelegenheiten vorzunehmen (U. v. 23. Sept. 25 V D 8/25 S. 17, 155).

§ 15 [§ 32a, § 33].

(1) Die Steuer wird in den Fällen des § 1 Nr. 1 und 2 nach dem Gesamtbetrage der Entgelte berechnet, die der Steuerpflichtige im Laufe eines Steuerabschnitts für seine Leistungen vereinnahmt hat.

(2) Der für die Einkommensermittlung bei der Einkommensteuer oder Körperschaftsteuer maßgebende Steuerabschnitt gilt auch für die Umsatzsteuer. Nach näherer Bestimmung des Reichsministers der Finanzen kann das Finanzamt anordnen, daß der Steuerabschnitt kürzer bemessen wird. Hat sich die steuerpflichtige Tätigkeit nicht auf den ganzen Steuerabschnitt erstreckt, so tritt an die Stelle des Steuerabschnitts der entsprechende Teil.

(3) Für die Fälle des § 1 Nr. 3 bestimmt der Reichsminister der Finanzen mit Zustimmung des Reichsrats, unter welchen Voraussetzungen die Besteuerung nach Steuerabschnitten oder für jede einzelne Versteigerung zu erfolgen hat.

1. Die Umsatzsteuerschuld entsteht mit Ablauf des Steuerabschnitts, vgl. § 81 Abs. 1 RAbgO. (U. v. 29. Nov. 21 V A 154/21 S. 7, 287).

§ 16 [§ 34].

(1) Hat der Steuerpflichtige Entgelte in dem gleichen Steuerabschnitt, in dem sie vereinnahmt wurden, zurückgewährt, so kann er sie von der Gesamtheit der im Steuerabschnitte vereinnahmten Entgelte absetzen.

(2) Hat der Steuerpflichtige Entgelte in einem späteren Steuerabschnitt, als sie vereinnahmt wurden, zurückgewährt, so kann er den entsprechenden Betrag von dem steuerpflichtigen Gesamtbetrage der Entgelte desjenigen Steuerabschnitts, in dem die Rückgewährung erfolgt, absetzen.

1. Die Zurückgewährung des Entgelts im Sinne des Abs. 2 liegt in allen Fällen vor, in denen die Rückzahlung erfolgt, weil die Beteiligten das Lieferungsgeschäft oder seine Entgeltlichkeit im wirtschaftlichen Sinne nachträglich ganz oder teilweise haben wieder aufheben wollen. Eine Zahlung, die sich so als Rückgewähr des Entgelts darstellt, kann nicht etwa in der Person ihres Empfängers als steuerpflichtige Vereinnahmung eines Entgelts für den zurückgegebenen Leistungsgegenstand angesehen werden (U. v. 26. April 21 II A 116/21 S. 5, 233).

2. Ist ein Unternehmer Mitglied eines Verbandes und gewährt er seinen Kunden Umschlagsvergütungen, deren Höhe nach dem Gesamtumschlage berechnet wird, den der Kunde im abgelaufenen Geschäftsjahr mit den Mitgliedern des Verbandes erzielt hat, so liegt eine Zurückgewähr des Entgelts im Sinne des bisherigen § 34 auch dann vor, wenn die Gewährung der Umschlagsvergütung von der Bedingung abhängig gemacht ist, daß der Kunde seinen gesamten Bedarf ausschließlich bei den Mitgliedern des Verbandes gedeckt hat (U. v. 16. April 26 V A 112/26 DStZ. 1926, 532).

3. Die Absetzung nach Abs. 2 ist nur die besondere Form einer Erstattung der Umsatzsteuer für das ursprünglich gezahlte Entgelt. Sie kann daher, wenn von dem Entgelt seinerzeit eine Steuer nicht entrichtet worden war, weil damals noch das WarenumsG., das eine solche Ausgleichsvorschrift nicht hatte, galt, überhaupt nicht erfolgen, wenn aber von dem Entgelt eine Steuer nur in Höhe des Steuersatzes des UStG. 18 von 5 vom Tausend entrichtet worden war, weil damals dies Gesetz galt, nur in Höhe dieses Steuersatzes (U. v. 7. Nov. 22 V A 453/22 DJZ. 1923, 116).

4. In den Fällen des § 34 Abs. 2 hat der Steuerpflichtige keinen Anspruch auf Verzinsung des Betrags, um den sich die Steuer ermäßigt (U. v. 21. Febr. 23 VI a A 18/23 RStBl. 1923, 189).

5. Übertragung des Grundsatzes auf die Versteuerung nach Leistungen auf Kontokorrent (G. v. 10. Okt. 24 V D 4/24 S. 14, 254), vgl. auch Anm. 3 zu § 9.

§ 17 [§ 35].

(1) Fällt der Steuerabschnitt mit dem Kalenderjahre zusammen oder endet er in der zweiten Hälfte eines Kalenderjahrs vor dem 31. Dezember, so wird die Umsatzsteuer nach Ablauf dieses Kalenderjahrs veranlagt.

(2) Endet der Steuerabschnitt in der ersten Hälfte eines Kalenderjahrs, so wird die Umsatzsteuer nach Ablauf des ersten Kalenderhalbjahrs veranlagt.

(3) Der Steuerpflichtige hat dem Finanzamt im Falle des

Abs. 1 im Januar, im Falle des Abs. 2 im Juli, im Falle des § 15 Abs. 2 Satz 2 und 3 innerhalb eines Monats nach Ablauf des verkürzten Steuerabschnitts und, sofern nicht nach Steuerabschnitten veranlagt wird (§ 15 Abs. 3), innerhalb eines Monats nach Eintritt des steuerpflichtigen Vorganges eine Steuererklärung abzugeben. Das Finanzamt kann auf Antrag die Frist verlängern, es kann die Fristverlängerung von einer Sicherheitsleistung abhängig machen. Hat der Steuerpflichtige seine Tätigkeit eingestellt und sind die Entgelte für seine Leistungen noch nicht vollständig eingegangen, so haben nach näherer Anordnung des Finanzamts Nachanmeldungen stattzufinden.

(4) Die Steuererklärung hat, wenn sie sich auf einen Steuerabschnitt bezieht (§ 15 Abs. 2 und 3), zu enthalten:

1. die Gesamtheit der vereinnahmten Entgelte, einschließlich der für steuerfreie Leistungen; nach Maßgabe der näheren Bestimmungen, die der Reichsminister der Finanzen mit Zustimmung des Reichsrats erläßt, können hiervon Ausnahmen zugelassen werden;
2. die für steuerpflichtige Leistungen vereinnahmten Entgelte;
3. die nach § 16 Abs. 2 zurückgewährten Entgelte.

(5) Der Reichsminister der Finanzen kann nähere Bestimmungen über den Inhalt und die Form der Steuererklärung erlassen.

§ 18 [§ 36].

(1) Das Finanzamt setzt die Steuer fest und erteilt dem Steuerpflichtigen einen Bescheid. Deckt sich die Steuerschuld für den Steuerabschnitt mit den Voranmeldungen und festgesetzten Vorauszahlungen, so genügt eine Mitteilung hierüber.

(2) Soweit die Steuerschuld für den Steuerabschnitt die nach § 19 geleisteten Vorauszahlungen übersteigt, ist sie innerhalb eines Monats nach Zustellung des Steuerbescheids zu entrichten (Abschlußzahlung). Die Verpflichtung, rückständige Beträge schon vorher zu entrichten, bleibt unberührt.

1. Der Steuerpflichtige hat gegen die Festsetzung der Umsatzsteuerschuld für den Steuerabschnitt und die Anforderung des Unterschieds zwischen dem Jahresbetrag und den Voranmeldungen und festgesetzten Vorauszahlungen die ordentlichen Rechtsmittel des Berufungsverfahrens. U. v. 3. April 25 V A 17/25 RStBl. 1925, 102. Vgl. zu § 19 Anm. 3.

§ 19 [§ 37].

(1) Steuerpflichtige, die nach Steuerabschnitten veranlagt werden, haben binnen zehn Tagen nach Ablauf jedes Kalendervierteljahrs eine Voranmeldung, in der sie die in dem abgelaufenen Kalendervierteljahre vereinnahmten Entgelte nach Maßgabe des § 17 bezeichnen, abzugeben und gleichzeitig eine diesen Entgelten entsprechende Vorauszahlung zu leisten. Dies gilt nicht, soweit der Steuerabschnitt kürzer als ein Kalendervierteljahr ist und die für die innerhalb des Kalendervierteljahrs liegenden Steuerabschnitte geschuldeten Steuern bis zu dem im Satz 1 bezeichneten Zeitpunkt fällig geworden sind.

(2) Steuerpflichtige mit einer gewerblichen oder beruflichen Tätigkeit von erheblicherem Umfang haben binnen zehn Tagen nach Ablauf jedes Monats eine Voranmeldung über die im abgelaufenen Monat vereinnahmten Entgelte abzugeben und gleichzeitig eine diesen Entgelten entsprechende Vorauszahlung zu leisten. Der Reichsministtr der Finanzen bestimmt, welche Steuerpflichtigen dieser Verpflichtung unterliegen.

(3) Die Voranmeldung gilt als Steuererklärung, die Vorauszahlung ist Steuer im Sinne der Reichsabgabenordnung. Gibt der Steuerpflichtige bis zum Ablauf der Vorauszahlungsfrist eine Voranmeldung nicht ab, so setzt das Finanzamt die Vorauszahlung fest; das gleiche gilt für den Fall, daß die Vorauszahlung den vereinnahmten Entgelten nicht entspricht. Der Reichsminister der Finanzen bestimmt die näheren Grundsätze, nach denen die Vorauszahlungen festzusetzen sind. Das Berufungsverfahren hiergegen ist ausgeschlossen; die Befugnis des Steuerpflichtigen zur Einlegung der Beschwerde (§§ 224, 281 der Reichsabgabenordnung) bleibt unberührt.

1. Die Aufforderung zur Umsatzsteuervoranmeldung ist nach § 202 RAbgO. erzwingbar (U. v. 25. Jan. 24 V A 420/23 AStR. 1924, 152).

2. Rechtsmittel gegen Aufforderung zur Voranmeldung, U. v. 2. Juli 24 V A 20/24 S. 14, 142.

3. Der zu Vorauszahlungen verpflichtete Umsatzsteuerpflichtige hat dann, wenn Vorauszahlungen zu Unrecht geleistet wurden, wegen der Steuerbeträge, für die eine Veranlagung im Sinne der RAbgO. nach § 19 (bisher § 36) nicht erfolgt ist, nach Ablauf des Steuerabschnitts einen im ordentlichen Rechtsmittelwege verfolgbaren Anspruch auf Erstattung im Sinne des § 129 RAbgO. (U. v. 23. Jan. 25 V A 80/24 S. 15, 288). Vgl. zu § 18 Anm. 1.

§ 20 [§ 42].

(1) Bei Steuerpflichtigen, die eine gewerbliche Tätigkeit ausüben, ist für die Veranlagung dasjenige Finanzamt zuständig, in dessen Bezirk das Gewerbe betrieben wird.

(2) Bei Steuerpflichtigen, die eine berufliche Tätigkeit ausüben, sowie in den Fällen des § 1 Nr. 3 ist das Finanzamt des Wohnsitzes oder Aufenthalts des Steuerpflichtigen zuständig.

1. Als Aufenthalt im Sinne dieser Vorschrift genügt bloßes Verweilen an einem Orte; gewöhnlicher Aufenthalt oder dauernder Aufenthalt (vgl. § 63 RAbgO.) wird nicht verlangt (U. v. 26. Nov. 20 II A 326/20 S. 4, 48).

§ 21 [§ 44].

Länder und Gemeinden (Gemeindeverbände) dürfen weder vom Entgelte für Warenumsätze noch vom Entgelte für die Gewährung eingerichteter Schlaf- und Wohnräume in Gasthöfen, Pensionen oder Privathäusern Steuern erheben.

1. Die auf Grund von § 1 des braunschweigischen Gesetzes, die Veranlagung und Erhebung der Bergwerksabgabe betreffend, vom 15. April 1867 (Ges.- u. VOS. Nr. 24 S. 173) in Verbindung mit Artikel 1 des Gesetzes vom 4. April 1919 (Ges.- u. VOS. Nr. 53 S. 103) in Braunschweig von Kohlen erhobene Bergwerksabgabe ist mit dem Reichsrecht nicht vereinbar, weil sie entgegen dem § 44 (jetzt § 21) nach dem Umsatze bemessen wird (U. des Großen Senats v. 19. Dez. 21 G.S. 3/21 S. 7, 266).

2. Anhaltinische Rohertragsteuer von Bergwerkserzeugnissen mit § 44 jetzt § 21 nicht vereinbar, RG. v 13. Dez. 24 V 121/24 E 109, 311

3. § 44 (jetzt § 21) schließt nicht die Stempelabgabe aus TarSt. 32 c PrStemG. vom 30. Juni 1909 aus, weil der Gegenstand der Stempelabgabe der schuldrechtliche Vertrag, Gegenstand der Umsatzbesteuerung die dingliche Ausführung der Veräußerung ist. Die Abgabe aus TarSt. 32 c PrStempG. vom 30. Juni 1909 für lästige Veräußerungsverträge wird nicht ausgeschlossen. RGZ. 22. Nov. 21 VII 361/21 E. 103, 206.

4. Durch § 44 (jetzt § 11) UmsStG. und § 5 LStG. ist den Ländern und Gemeinden nur die Erhebung von Steuern nach dem Maßstabe des Warenumsatzes verboten. Die Gemeinden dürfen aber von Warenhaus- und Filialbetrieben besondere Gewerbesteuern nach jedem anderen zulässigen Maßstab als dem des Warenumsatzes erheben. PrOVG. 24 Jan. 22 E. 77, 212.

§ 22 [§ 45].

Die zur Durchführung dieses Gesetzes erforderlichen Bestimmungen erläßt der Reichsminister der Finanzen mit Zustimmung des Reichsrats.

1. Über den Unterschied von Durchführungsbestimmungen und Ausführungsbestimmungen vgl. U. v. 18. Nov. 25 VI B 223/25 S. 18, 46

II.

Durchführungsbestimmungen zum Umsatzsteuergesetz (USt.DB.).

Vom 25. Juni 1926 (RGBl. I S. 323).

Auf Grund des § 2 Nr. I a, b, c und 3, § 4 Abs. 2, § 8 Abs. 8, § 9 Abs. 3, § 13, § 17 Abs. 4 Nr. 1 und § 22 des Umsatzsteuergesetzes in der Fassung der Bekanntmachung vom 8. Mai 1926 (Reichsgesetzbl. I S. 218) sowie auf Grund des § 108 Abs. 2 der Reichsabgabenordnung vom 13. Dezember 1919 (Reichsgesetzbl. S. 1993) wird, soweit erforderlich mit Zustimmung des Reichsrats, folgendes bestimmt:

Zu § 1 Nr. 1 des Gesetzes (Subjektive Steuerpflicht).

Hausgewerbetreibende.

§ 1.

In der Hausindustrie sind nur die Erwerbstätigen umsatzsteuerpflichtig, die selbständig tätig sind (also die Hausgewerbetreibenden, nicht die Heimarbeiter). Steht ein rechtlich selbständiger Hausgewerbetreibender überwiegend mit bestimmten Unternehmern (Verlegern) in festem Geschäftsverkehr und beschäftigt er selbst nicht mehr als einen Arbeitnehmer, so wird er für die Umsatzsteuer insoweit nicht als selbständig behandelt, als es sich um seine Leistungen und Lieferungen für diese Unternehmer handelt. Das gleiche gilt für Hausgewerbetreibende, die zwei Arbeitnehmer beschäftigen, sofern diese zusammen jährlich nicht mehr als 300 Tage arbeiten (Saisonarbeiter). Die Ehefrau, die minderjährigen Abkömmlinge und die Eltern des Hausgewerbetreibenden gelten nicht als Arbeitnehmer im Sinne dieser Bestimmung, wenn sie zu seinem Haushalt gehören.

Blinde.

§ 2.

(1) Von der Umsatzsteuer sind ausgenommen Lieferungen und sonstige Leistungen

1. von Blinden (Kriegs- und Friedensblinden) ohne Rücksicht auf die Art ihrer gewerblichen oder beruflichen Tätigkeit, wenn
   a) die Blinden als Arbeitgeber nicht mehr als zwei Arbeitnehmer beschäftigen,
   b) die Voraussetzungen der Steuerbefreiung durch amtliche Fürsorgestellen bescheinigt sind. Der Reichsminister der Finanzen erläßt nähere Bestimmungen über die Stellen, die als amtliche Fürsorgestellen zu gelten haben, und über den Inhalt der Bescheinigung;

2. von Blindenbeschäftigungswerkstätten öffentlicher Blindenanstalten, wenn die Einnahmen nachweislich für Zwecke der Blinden verwendet werden.

(2) Im Sinne des Abs. 1 Nr. 1a gelten die Ehefrau, die minderjährigen Abkömmlinge und die Eltern des Blinden nicht als Arbeitnehmer, wenn sie zu seinem Haushalt gehören.

Dozenten und wissenschaftliche Vorträge.

§ 3.

(1) Von der Umsatzsteuer sind ausgenommen:

1. Lehrer an Universitäten und anderen Hochschulen, auch wenn sie nicht Beamte oder Angestellte sind, wegen der Entgelte für Vorträge wissenschaftlich belehrender Art, die sie an den genannten Anstalten oder auf Grund einer Veranstaltung durch sonstige öffentlich-rechtliche Körperschaften halten;
2. öffentlich-rechtliche Körperschaften wegen derjenige Entgelte, die sie für die Veranstaltung der Vorträge zu Nr. 1 vereinnahmen, insofern die Entgelte lediglich oder vorwiegend zum Ersatze der Unkosten (für Licht, Heizung und dergleichen) und zur Erhaltung der Einrichtung (Zahlung der Gehälter und Honorare an die Vortragenden) dienen.

(2) Der Reichsminister der Finanzen ist ermächtigt:

1. die Steuerbefreiung gemäß Abs. 1 Nr. 1 auf weitere Dozentenkreise und auf diejenigen Vorträge der Dozenten auszudehnen, die sie auf Grund einer Veranstaltung durch nichtöffentliche Vereinigungen (z. B. von Vereinen für die Abhaltung von Vorträgen an Volkshochschulen) oder Privatpersonen halten;
2. die Steuerbefreiung gemäß Abs. 1 Nr. 2 auf nicht öffentlich-rechtliche Veranstaltungen und Privatpersonen auszudehnen.

(3) Künstlerische Darbietungen fallen nicht unter die Bestimmungen der Abs. 1 und 2.

Zu § 1 Nr. 2 des Gesetzes (Eigenverbrauch).

Eigenverbrauch bei Landwirten.

§ 4.

(1) Bei landwirtschaftlichen Betrieben ist der Eigenverbrauch (§ 1 Nr. 2 des Gesetzes) von der Umsatzsteuer ausgenommen, wenn die Gesamtheit der vereinnahmten Entgelte einschließlich des Eigenverbrauchs im jeweils vorangegangenen Wirtschaftsjahre 10000 Reichsmark nicht überstiegen hat. Die Befreiung erstreckt sich auf den Eigenverbrauch des Landwirts und seiner Haushaltsangehörigen; als Haushaltsangehörige gelten der Ehemann, die Ehefrau, die Abkömmlinge, ferner Stief-, Schwieger-, Adoptiv- und Pflegekinder sowie deren Abkömmlinge und die Eltern, Geschwister, Halb- und Stiefgeschwister des Haushaltsvorstandes und seiner Ehefrau sowie die Abkömmlinge dieser Geschwister.

(2) Als landwirtschaftliche Betriebe gelten Betriebe, die der Landwirtschaft, der Forstwirtschaft, dem Gartenbau, Obstbau, Weinbau und der sonstigen nichtgewerblichen Bodenbewirtschaftung sowie der Fischerei dienen.

(3) Zur Ermittlung des befreiten Eigenverbrauchs sind für jeden nach Abs. 1 begünstigten Haushaltsangehörigen von dem Gesamtumsatze des Landwirts (Abs. 2)

Durchschnittssätze abzuziehen, die der Reichsminister der Finanzen unter Berücksichtigung des Alters und Geschlechts bestimmt.

(4) Der Reichsminister der Finanzen ist berechtigt, Härten auszugleichen, die dadurch eintreten können, daß die im Abs. 1 bezeichnete Grenze von 10 000 Reichsmark um ein geringes überschritten wird.

(5) Wegen der Buchführung vergleiche § 52.

Zu § 1 Nr. 3 des Gesetzes (Versteigerungen).

Produktenbörsen.

§ 5.

Bei öffentlichen Versteigerungen von Getreide oder Futtermitteln an amtlichen Produktenbörsen gilt in Abweichung von § 1 Nr. 3 (§ 10 Abs. 2) des Gesetzes als Lieferer nicht der versteigernde Kursmakler, sondern dessen Auftraggeber. Die Steuerpflicht des Kursmaklers beschränkt sich auf die Vermittlungsgebühr.

Zu § 2 Nr. 1a und 1b des Gesetzes (Einfuhr, verlängerte Einfuhr und erster Umsatz nach der Einfuhr).

Einfuhr.

§ 6.

(1) Von der Umsatzsteuer sind nach § 2 Nr. 1a des Gesetzes die Umsätze aus dem Ausland (Einfuhr) ausgenommen. Ausland im Sinne des § 2 Nr. 1 des Gesetzes ist grundsätzlich staatsrechtlich, nicht zollrechtlich zu verstehen; die Zollausschüsse und Freibezirke gehören nicht zum Ausland. Gleich dem Ausland im Sinne des Gesetzes ist vorläufig auch das Saargebiet zu behandeln.

(2) Umsatz aus dem Ausland liegt dann vor, wenn sich die Ware vor Beginn der Erfüllung des Umsatzgeschäfts (Lieferung) im staatsrechtlichen Ausland und nach Erfüllung, d. h. nachdem dem Erwerber die Verfügung über die Sache verschafft worden ist, im staatsrechtlichen Inland befindet.

Verlängerte Einfuhr.

§ 7.

(1) Von der Umsatzsteuer sind nach § 2 Nr. 1a des Gesetzes ferner die Umsätze aus dem Ausland eingeführter Gegenstände (§ 6) ausgenommen, wenn die folgenden Voraussetzungen erfüllt sind:

1. die Gegenstände müssen in der Freiliste 1a (Anlage 1a) stehen; Anlage 1a
2. die Umsätze müssen erfolgen
   a) in oder aus den Zollausschüssen und Freibezirken;
   b) oder in oder aus dem gebundenen Verkehre des Inlandes. Hierher gehören auch Privatlager ohne amtlichen Mitverschluß oder fortlaufende Konten;
   c) oder in oder aus Seehäfenplätzen, soweit die in der Freiliste 1a aufgeführten Gegenstände zollfrei oder durch das Gesetz vom 17. August 1925 über Zolländerungen (Reichsgesetzbl. I S. 261) zollpflichtig geworden sind und die Einfuhr auf dem Seeweg erfolgt. Die Voraussetzung der Zollfreiheit ist für den Seehafen Königsberg so lange nicht erforderlich, als Königsberg keinen Freihafen besitzt. Die Voraussetzung der Einfuhr auf dem Seeweg ist für die Seehäfen östlich der Weichsel nicht erforderlich (vgl. jedoch Nr. 5);

d) oder in oder aus inländischen Lagern aller Art und allerorts, also nicht nur an Seehafenplätzen, sofern die in der Freiliste 1a aufgeführten Gegenstände zollfrei oder durch das Gesetz vom 17. August 1925 über Zolländerungen (Reichsgesetzbl. I S. 261) zollpflichtig geworden und die Lager durch den Reichsminister der Finanzen zugelassen worden sind. Die Zulassung erfolgt nur auf Antrag (vgl. Muster 2) und unter der Bedingung, daß der eingeführte Gegenstand ohne Zwischenlagerung — bei seewärtiger Einfuhr ohne andere Zwischenlagerung als im Einfuhrseehafenplatze — nach dem Inlandslager gebracht und die Festhaltung der ausländischen Eigenschaft des Gegenstandes bei der Aufnahme und bei der Lagerung sichergestellt wird. Die Zulassung ist für Antragsteller, die aus dem Lager Gegenstände, die außer auf Freiliste 1a auch auf Freiliste 1b stehen, an Großhändler umsetzen, an die weitere Voraussetzung geknüpft, daß sie sich verpflichten, bei jeder Lieferung derartiger Waren aus dem Lager dem Abnehmer eine Bescheinigung nach näherer Bestimmung des Reichsministers der Finanzen zu erteilen.

3. die Umsätze müssen im Großhandel (§ 10) stattfinden;
4. eine Bearbeitung oder Verarbeitung (§ 11) darf nicht erfolgt sein;
5. die Herkunft der Gegenstände aus dem Ausland muß sichergestellt sein (§ 12).

(2) Wird derselbe Gegenstand innerhalb eines der nach Abs. 1 Nr. 2a bis d bevorrechtigten Gebiete oder Lager mehrere Male umgesetzt, so gilt beim Vorliegen der sonstigen Voraussetzungen des Abs. 1 jeder dieser Umsätze als steuerfreier Umsatz innerhalb der verlängerten Einfuhr. Dasselbe gilt, wenn derselbe Gegenstand aus einem dieser Gebiete oder Lager in ein anderes oder nacheinander in verschiedene dieser Gebiete oder Lager umgesetzt wird; für die Umsatzsteuerfreilager (Abs. 1 Nr. 2d) bleibt jedoch die ebenda im Satz 2 genannte Einschränkung (Aufnahme in das Umsatzsteuerfreilager ohne vorherige Zwischenlagerung oder nur nach Zwischenlagerung im Einfuhrseehafenplatze) bestehen.

(3) Den Umsätzen von Gegenständen, die aus dem Ausland in die dem Zollauslande gleichstehenden Gebiete oder Lager (Abs. 1 Nr. 2a bis d) geliefert sind, stehen die Umsätze solcher Gegenstände gleich, die aus dem Ausland in die Gebiete oder Lager ohne Lieferung verbracht sind.

(4) Als Seehafenplätze im Sinne des Abs. 1 Nr. 2c gelten, soweit es sich um die Umsätze von Fischen, Muscheln oder Krabben handelt, alle am Meere und an Haffen gelegenen Fischerorte sowie die Fischerorte am Bodensee. Im übrigen bestimmt der Reichsminister der Finanzen, welche Orte als Seehafenplätze anzusehen sind.

§ 8.

Erster Umsatz nach der Einfuhr.

(1) Von der Umsatzsteuer sind nach § 2 Nr. 1b des Umsatzsteuergesetzes die Umsätze aus dem Ausland eingeführter Gegenstände (§ 6) ausgenommen, wenn die folgenden Voraussetzungen erfüllt sind:

1. die Gegenstände müssen in der Freiliste 1b (Anlage 1b) stehen;
2. es muß sich um den ersten Umsatz nach der Einfuhr oder, soweit die Gegenstände auch in der Freiliste 1a stehen, um den ersten Umsatz nach der Einfuhr oder nach den gemäß § 7 dieser Bestimmungen umsatzsteuerfreien Umsätzen handeln;

3. der Umsatz muß im Großhandel (§ 10) stattfinden;
4. eine Bearbeitung oder Verarbeitung (§ 11) darf nicht erfolgt sein;
5. die Herkunft der Gegenstände aus dem Ausland muß sichergestellt sein (§ 12).

(2) Handelt es sich im Falle des Abs. 1 Nr. 2 zweiter Halbsatz um Gegenstände, die aus einem nach § 7 Abs. 1 Nr. 2d vom Reichsminister der Finanzen zugelassenen Lager bezogen worden sind, so ist die Steuerfreiheit an die weitere Voraussetzung geknüpft, daß die vom Lagerinhaber erteilten Bescheinigungen (§ 7 Abs. 1 Nr. 2d) nach näherer Bestimmung des Reichsministers der Finanzen fortlaufend in ein Verzeichnis eingetragen und den Umsatzsteuervoranmeldungen (Umsatzsteuererklärungen) beigefügt werden, in denen das beim Weiterverkauf erzielte Entgelt als steuerfrei (erster Umsatz nach der verlängerten Einfuhr) abgesetzt wird. Der Reichsminister der Finanzen kann für bestimmte Gruppen zulassen, daß von der Beifügung der Bescheinigungen abgesehen wird oder daß im Falle des Weiterverkaufs einer aus dem Umsatzsteuerfreilager bezogenen ganzen Warenpost in Teilmengen Erklärungen hierüber den Voranmeldungen (Steuererklärungen) beigefügt werden.

Lieferung und Verbringen.

§ 9.

Als Umsätze im Sinne des § 2 Nr. 1a und Nr. 1b des Gesetzes (§§ 6 bis 8) gelten nur Lieferungen einschließlich der Werklieferungen. Die Befreiungen nach §§ 6 bis 8 finden daher keine Anwendung:

1. auf sonstige Leistungen, z. B. auf Grund eines reinen Werkvertrags, einer Miete oder eines Beförderungsvertrags. Das Entgelt unterliegt in diesen Fällen der Umsatzsteuer;
2. auf das bloße Verbringen von Gegenständen in das nicht nach § 7 Abs. 1 Nr. 2a bis d in Verbindung mit § 7 Abs. 3 begünstigte Inland (z. B. auf das Verbringen von Ware, die ein ausländischer Unternehmer außerhalb der verlängerten Einfuhr seiner inländischen Verkaufsstätte zugehen läßt). Die ersten Umsätze nach dem Verbringen sind — soweit es sich nicht um das Gebiet der verlängerten Einfuhr handelt (§ 7 Abs. 3) — daher umsatzsteuerpflichtig, während das Verbringen selbst umsatzsteuerfrei ist. Nicht als Verbringen, sondern als Einfuhr gilt es, wenn außerhalb der verlängerten Einfuhr
   a) die Gegenstände in Kommission oder Konsignation für einen ausländischen Kommittenten oder Konsignanten übernommen werden;
   b) ein Unternehmer, der im Inland eine Betriebsstätte unterhält, von ihm selbst gezogene Gegenstände der Urerzeugung oder im Ausland oder auf hoher See gekaufte und dort übernommene Waren in das Inland bringt;
   c) auf dem Meere einschließlich der Dreimeilenzone und im Bodensee erzielte Fänge der Fischerei in das Inland verbracht werden.

Begriff des Großhandels.

§ 10.

Die Umsätze erfolgen im Großhandel (§ 7 Abs. 1 Nr. 3 und § 8 Abs. 1 Nr. 3), wenn die Gegenstände zur gewerblichen Weiterveräußerung für eigene oder fremde Rechnung erworben werden. Dabei kommt es auf die einzelne

Lieferung an; es genügt nicht schon, daß das Unternehmen, das den Umsatz ausführt, überwiegend im Großhandel veräußert. Großhandel im Sinne dieser Bestimmung ist auch der Verkauf an einen Unternehmer, der zwar verbraucht, dies aber in seinem Betriebe bei der Herstellung anderer Gegenstände oder zur Bewirkung gewerblicher Leistungen tut.

Bearbeitung und Verarbeitung.

§ 11.

(1) Eine Bearbeitung oder Verarbeitung im Sinne des § 7 Abs. 1 Nr. 4 und des § 8 Abs. 1 Nr. 4 liegt dann nicht vor, wenn die Wesensart des aus dem Ausland eingeführten Gegenstandes gewahrt bleibt. Sie wird durch eine Bearbeitung oder Verarbeitung des Gegenstandes, die über die Zwecke der Umpackung, Sortierung, Reinigung oder Erhaltung hinausgeht, aufgehoben.

(2) Der Reichsminister der Finanzen kann bestimmte Bearbeitungen oder Verarbeitungen als Vorgänge anerkennen, die für die Steuerfreiheit unschädlich sind. In diesem Falle gilt die Steuervergünstigung auch für die Umsätze solcher Gegenstände, die gelegentlich der Bearbeitung oder Verarbeitung gewonnen werden, aber nicht das Ziel dieser Bearbeitung oder Verarbeitung sind (Nebenprodukte, Abfälle).

(3) Wegen des buchmäßigen Nachweises vergleiche § 12.

Buchführungspflicht.

§ 12.

(1) Der Anspruch auf Steuerfreiheit nach §§ 6 bis 8 (§ 2 Nr. 1a und 1b des Gesetzes) ist nur gegeben, wenn der Unternehmer zum Nachweis, daß die Voraussetzungen der Steuerfreiheit vorliegen, folgende Angaben in seiner Buchführung macht:

1. Angabe der Gegenstände nach ihrer handelsüblichen Bezeichnung;
2. Name (Firma) und Wohnort (Sitz) des ausländischen Lieferers; im Falle des Bezugs innerhalb oder aus der verlängerten Einfuhr (§ 7) genügen statt dessen die gleichen Angaben über den Lieferer, der an den Unternehmer innerhalb oder aus der verlängerten Einfuhr geliefert hat;
3. Tag der Einfuhr; im Falle des Bezugs innerhalb oder aus der verlängerten Einfuhr (§ 7) genügt es, wenn statt des Tages der Einfuhr der Tag angegeben wird, an dem der Lieferer an den Unternehmer innerhalb oder aus der verlängerten Einfuhr geliefert hat;
4. Eingangszollstelle; im Falle des Bezugs innerhalb oder aus der verlängerten Einfuhr (§ 7) genügen statt dessen die Angaben unter Nr. 6;
5. Tag der weiteren Lieferung in das Inland;
6. ob es sich bei der Weiterlieferung um einen Fall des § 6, § 7 oder § 8 und um welchen es sich handelt. Bei der verlängerten Einfuhr (§ 7) ist insbesondere der Ort, aus dem geliefert worden ist, und die Art der verlängerten Einfuhr anzugeben (z. B. Lieferung aus dem Freihafen Hamburg, mit Begleitschein I aus Berlin, ab Seehafen Lübeck, aus dem durch Erlaß des Reichsministers der Finanzen vom . . . . . Nr. . . . zugelassenen Umsatzsteuerfreilager in . . . . ., ... straße). Wegen der Lagerbescheinigungen vergleiche § 7 Abs. 1 Nr. 2d und § 8 Abs. 2;
7. Namen (Firma) und Wohnort (Sitz) des Abnehmers;

8. das vereinnahmte, im Falle der Versteuerung nach den Entgelten für die bewirkten Leistungen (Solleinnahme, § 9 Abs. 1 des Gesetzes) das vereinbarte Entgelt;
9. im Falle der Versteuerung nach den vereinnahmten Entgelten: der Tag der Vereinnahmung.

(2) Die Finanzämter sind berechtigt, im einzelnen Falle die besonderen wirtschaftlichen Verhältnisse durch sinngemäße Abänderung vorstehender Richtlinien bei zuverlässigen Steuerpflichtigen zu berücksichtigen.

(3) Der Unternehmer hat in den Voranmeldungen und in der Steuererklärung auf die Teile seiner Buchführung hinzuweisen, aus denen sich die im Abs. 1 und 2 erforderten Nachweise ergeben. Er hat weiter zu versichern, daß eine über die Bestimmung des § 11 hinausgehende Bearbeitung oder Verarbeitung nicht stattgefunden hat und daß die Veräußerung im Großhandel (§ 10) erfolgt ist.

(4) Die Finanzämter sind berechtigt, zuverlässige Unternehmer von den Hinweisen und der Versicherung nach Abs. 3 zu befreien.

Zu § 2 Nr. 1c des Gesetzes (Ausfuhr).

Grundsätzliche Befreiung der Ausfuhr.

§ 13.

(1) Von der Umsatzsteuer sind nach § 2 Nr. 1c des Gesetzes ausgenommen die Umsätze in das Ausland (Ausfuhr), und zwar gleichgültig, ob die Ausfuhr durch den Hersteller oder durch einen an der Herstellung nicht beteiligten Unternehmer (Ausfuhrhändler) erfolgt.

(2) Ausland im Sinne des Abs. 1 (§ 2 Nr. 1c des Gesetzes) ist grundsätzlich staatsrechtlich, nicht zollrechtlich zu verstehen. § 6 Abs. 1 findet entsprechende Anwendung. Umsatz in das Ausland liegt, soweit nicht in §§ 14, 15 Abweichendes bestimmt ist, dann vor, wenn sich die Ware vor Beginn der Erfüllung des Umsatzgeschäfts (Lieferung) im staatsrechtlichen Inland und nach Erfüllung, d. h. nachdem der Erwerber die Verfügung über die Sache verschafft worden ist, im staatsrechtlichen Ausland befindet.

(3) Als Umsätze in das Ausland im Sinne von § 2 Nr. 1c des Gesetzes gelten, soweit nicht im § 16 Abweichendes bestimmt ist, nur Lieferungen einschließlich der Werklieferungen; dagegen gelten sonstige Leistungen nicht als Umsatz in das Ausland, z. B. Leistungen auf Grund eines reinen Werkvertrags (Lohnveredelung für ausländische Rechnung, Abgabe von Gutachten, Projekten sowie Herstellung von Maschinenkonstruktionen oder von Zeichnungen im Inland für ausländische Auftraggeber) oder die Ueberlassung von Patentrechten.

(4) Wegen des buchmäßigen Nachweises vergleiche § 17.

Lieferung an einen ausführenden Unternehmer.

§ 14.

Abweichend von der Regel des § 13 Abs. 2 Satz 2 gilt nach § 2 Nr. 1c Abs. 2 des Gesetzes als Umsatz in das Ausland nicht bereits die Lieferung an den ausführenden Unternehmer, und zwar auch dann nicht, wenn der Lieferer im eigenen oder fremden Namen unmittelbar in das Ausland versendet. Wegen des Vergütungsanspruchs des ausführenden Unternehmers vergleiche § 37.

Lieferung an den Ausländer durch Versendung an dessen inländischen Spediteur oder nach Verwahrung.

§ 15.

(1) Abweichend von der Regel des § 13 Abs. 2 Satz 3 gelten als steuerfreie Umsätze in das Ausland auch Lieferungsgeschäfte, die der Lieferer mit einem ausländischen Erwerber abschließt und durch Zusendung der Waren an den inländischen Spediteur des ausländischen Erwerbers erfüllt. Die Befreiung gemäß Satz 1 tritt nur ein, wenn

1. der inländische Spediteur des Ausländers über die tatsächliche Ausfuhr in das staatsrechtliche Ausland dem Lieferer eine Bescheinigung (Abs. 2) erteilt,
2. der Lieferer, der die Steuerfreiheit beansprucht, in der Umsatzsteuervoranmeldung (Umsatzsteuererklärung) die Entgelte für die Lieferung als steuerfrei absetzt und dabei die im Abs. 3 vorgesehene Versicherung abgibt.

(2) Die Bescheinigung (Abs. 1 Nr. 1) muß enthalten:

1. die Bezeichnung der Ware, zum mindesten nach der allgemeinen Gattung,
2. die Zahl der Kolli, deren Verpackungsart, Zeichen und Nummern,
3. den Tag der Ausfuhr in das staatsrechtliche Ausland,
4. die Ausfuhrstelle.

(3) In die Umsatzsteuervoranmeldung (Umsatzsteuererklärung) ist folgende Versicherung (Abs. 1 Nr. 2) aufzunehmen:

> Unter den nach § 2 Nr. 1c des Umsatzsteuergesetzes als steuerfrei abgesetzten Entgelten befinden sich auch Entgelte für Lieferungsgeschäfte, die durch Versendung der Waren an den inländischen Spediteur des ausländischen Bestellers erfüllt worden sind. Die tatsächliche Weitersendung dieser Waren in das Ausland ist mir vom Spediteur des Ausländers schriftlich bestätigt worden. Die Bestätigungen liegen bei mir zur Prüfung bereit. — Ich werde dafür Sorge tragen, daß mir der Spediteur des Ausländers die tatsächliche Weitersendung dieser Waren in das Ausland schriftlich bestätigt und werde diese Bestätigung zu meinen Belegen nehmen.

(4) Soweit die Angaben zu Abs. 2 aus den Konnossementen, Frachtbriefen oder aus sonstigen Versendungspapieren ersichtlich sind, genügt die Erteilung einer Abschrift; gegebenenfalls sind diese Abschriften zu ergänzen oder — wenn im Sammelladungsverkehre versendet worden ist — die Kolli des in Frage kommenden Lieferers besonders kenntlich zu machen. Der Reichsminister der Finanzen ist befugt, den Nachweis in anderer Form zuzulassen.

(5) Die Abs. 1 bis 4 finden entsprechende Anwendung, wenn es der Lieferer übernimmt, den Gegenstand vor der Absendung für den ausländischen Erwerber in Verwahrung zu nehmen und unmittelbar oder durch einen inländischen Spediteur des ausländischen Erwerbers diesem zu übersenden.

(6) Führt der Lieferer in den Fällen der Abs. 1 bis 5 Gegenstände in das Ausland als Händler aus, so steht ihm für diese Umsätze der Vergütungsanspruch nach näherer Maßgabe des § 37 zu.

Steuerfreie Leistungen in das Ausland.

§ 16.

Abweichend von der Regel des § 13 Abs. 3 ist von der Umsatzsteuer ausgenommen der Werklohn von bestimmten Gruppen von Bearbeitungen und Verarbeitungen, die für ausländische Rechnung im Lohnveredelungsverkehre vorgenommen werden. Das Nähere bestimmt der Reichsminister der Finanzen nach Lage des wirtschaftlichen Bedürfnisses. Als steuerfreie Leistung gilt auch die Ueberlassung von Eisenbahnwagen durch ein inländisches an ein ausländisches Unternehmen auf Grund eines Vertrags, der außer der Vermietung der Eisenbahnwagen auch deren Verkauf gegen Abschlagszahlungen zum Gegenstande hat (Amortisationsvertrag). Diese Vergünstigung gilt nicht, wenn der Vertrag über die Uebertragung des Eigentums unausgeführt bleibt.

Buchführungspflicht.

§ 17.

(1) Der Anspruch auf Steuerfreiheit nach §§ 13, 15 und 16 (§ 2 Nr. 1c des Gesetzes) ist nur gegeben, wenn der Unternehmer zum Nachweis, daß die Voraussetzungen der Steuerfreiheit vorliegen, folgende Angaben in seiner Buchführung macht:

1. Angabe der Gegenstände nach ihrer handelsüblichen Bezeichnung;
2. Namen (Firma) und Wohnort (Sitz) des inländischen Lieferers und des ausländischen Erwerbers;
3. Tag der Lieferung in das Ausland, bei Versendung an den inländischen Spediteur des Ausländers (§ 15), außerdem der Tag der Versendung an den Spediteur und das Datum des Bestätigungsschreibens dieses Spediteurs über die Versendung in das staatsrechtliche Ausland;
4. das vereinnahmte, im Falle der Versteuerung nach den Entgelten für die bewirkten Leistungen (Solleinnahme, § 9 Abs. 1 des Gesetzes) das vereinbarte Entgelt;
5. im Falle der Versteuerung nach den vereinnahmten Entgelten: der Tag der Vereinnahmung.

(2) Die Finanzämter sind berechtigt, im einzelnen Falle die besonderen wirtschaftlichen Verhältnisse durch sinngemäße Abänderung vorstehender Richtlinien bei zuverlässigen Steuerpflichtigen zu berücksichtigen.

(3) Der Unternehmer hat in den Voranmeldungen und in der Steuererklärung auf die Teile seiner Buchführung hinzuweisen, aus denen sich die im Abs. 1 und 2 erforderten Nachweise ergeben.

(4) Die Finanzämter sind berechtigt, zuverlässige Unternehmer von den Hinweisen nach Abs. 3 zu befreien.

Durchfuhr.

§ 18.

Von der Umsatzsteuer sind ferner ausgenommen die Umsätze vom staatsrechtlichen Ausland in das staatsrechtliche Ausland, auch wenn der Gegenstand durch einen Gebietsteil des Inlandes hindurchgebracht wird. Erfolgen Zwischenumsätze, so ist eine steuerfreie Durchfuhr nicht mehr gegeben, es sei denn, daß die Zwischenumsätze nach den Vorschriften des § 2 Nr. 1a und 1b des Gesetzes (§§ 6 bis 8) von der Steuer befreit sind.

Zu § 2 Nr. 3 des Gesetzes (Edelmetalle).

Umsätze außerhalb des Kleinhandels.

§ 19.

(1) Die Befreiungsvorschrift des § 2 Nr. 3 des Gesetzes betrifft Edelmetalle und Edelmetallegierungen, sofern sie weder als Fertigfabrikate noch als solche Halbfabrikate anzusehen sind, die ohne weitere wesentliche Veränderung

ihrer Zusammensetzung oder Form dem Fertigfabrikat oder einem andern Halbfabrikat eingefügt werden können. Edelmetalle im Sinne des § 2 Nr. 3 des Gesetzes sind Platin, Platinmetalle, Gold und Silber. Zu den Edelmetalllegierungen rechnet auch Doublé.

(2) Steuerfrei sind danach außerhalb des Kleinhandels (Abs. 3) bei Vorlegung der behördlichen Bescheinigung (Abs. 4):

a) Umsätze von Edelmetallerzen, Produkten der Edelmetallverhüttung, Edelmetall und Edelmetallegierungen in Zainen, Körnern, Barren, Blättchen sowie Blechen, Drähten, Röhren und Scharnieren, ohne Rücksicht darauf, ob sie fassoniert oder gemustert oder nicht fassoniert oder ungemustert sind;

b) Umsätze von Abfallmetall (Rückständen, Gekrätz, Schliffen, Kehrgold und ähnlichem), von Blattgold, Blattsilber sowie den zur Platinierung, Vergoldung und Versilberung erforderlichen Massen; hierunter sind nicht nur feste Massen oder solche in Pulverform, sondern auch flüssige zu verstehen; ferner Umsätze von Bruchmetall, zerbrochenen, zerschnittenen oder sonst unbrauchbar gemachten Edelmetallwaren;

c) Umsätze von chemischen Verbindungen von Edelmetallen und Edelmetalllegierungen, wie Platin-, Gold- und Silbersalzen, insbesondere auch von Silbernitrat, proteïnsaurem Silber, Eiweißsilber, Platin-, Gold- und Silberchlorid, Silberoxyd und deren Doppelsalzen.

(3) Eine Lieferung im Kleinhandel im Sinne des § 2 Nr. 3 des Gesetzes liegt nicht vor, wenn die Gegenstände zur gewerblichen Weiterveräußerung, sei es in derselben Beschaffenheit, sei es nach vorheriger Bearbeitung oder Verarbeitung, für eigene oder fremde Rechnung erworben werden. Im übrigen findet § 10 dieser Bestimmungen entsprechende Anwendung.

(4) Nimmt der Steuerpflichtige bei der Lieferung der im § 2 Nr. 3 des Gesetzes genannten Gegenstände die Befreiung für sich in Anspruch, weil die Gegenstände zur gewerblichen Weiterveräußerung geliefert worden seien, so muß er sich von dem Erwerber nachweisen lassen, daß sie in dem Unternehmen, für das der Erwerb stattfindet, eine solche Verwendung finden können. Der Nachweis muß nach näherer Bestimmung des Reichsministers der Finanzen durch Vorlegung einer behördlichen Bescheinigung, die gebühren- und stempelfrei auszustellen ist, geführt werden. Der Lieferer braucht bei der einzelnen Bestellung oder Entnahme die Vorlegung der Bescheinigung nicht zu verlangen, wenn er mit dem Abnehmer in ständigen Geschäftsbeziehungen steht und ihm Inhalt und Geltungsdauer der Bescheinigung bekannt sind. Aus den Büchern des Lieferers muß hervorgehen, daß der Erwerber Weiterveräußerer ist.

(5) Der Vorlage der behördlichen Bescheinigung bedarf es im Falle des Abs. 2a nicht, wenn als Erwerber ein Bank- oder Kreditunternehmen der im § 56 Abs. 2 genannten Art auftritt.

Zu § 2 Nr. 5 des Gesetzes (Beförderungen).

Beförderungen.

§ 20.

Von der Umsatzsteuer sind ausgenommen:

1. Entgelte für Beförderungen im Sinne des § 3 Nr. 4 und 5 des Beförderungssteuergesetzes vom 8. April 1917 (Reichsgesetzbl. S. 329), so-

lange die Erhebung der Beförderungssteuer für den Binnenschiffs-, See- und Küstenschiffsverkehr ausgesetzt ist;
2. Entgelte aus Charterverträgen und der Vermietung von Seeschiffen für den Seeverkehr;
3. Entgelte für die Benutzung von Anstalten an natürlichen und künstlichen Wasserstraßen (einschließlich der Häfen), sofern die Entgelte die Sätze nicht übersteigen, die nach Artikel 99 der Reichsverfassung die Höchstgrenze für staatliche und kommunale Anstalten bilden.

Zu § 2 Nr. 9 des Gesetzes (Sozialversicherungen).

Versicherungsträger.

§ 21.

(1) Von der Umsatzsteuer sind ausgenommen:
1. die Lieferungen und sonstigen Leistungen der reichsgesetzlichen Versicherungsträger, der Krankenkassen der selbständigen Handwerker und Gewerbetreibenden, der Ersatzkassen (§§ 503 ff. der Reichsversicherungsordnung) sowie der Aemter der Reichsversorgung der Militärpersonen und ihrer Hinterbliebenen nach dem Reichsversorgungsgesetz in der Fassung der Bekanntmachung vom 31. Juli 1925 (Reichsgesetzbl. I S. 165), soweit die Lieferungen und sonstigen Leistungen an die Versicherten oder Versorgungsberechtigten erfolgen;
2. die Lieferungen und sonstigen Leistungen, die von den in Nr. 1 genannten Versicherungsträgern auf Grund des fünften Buches der Reichsversicherungsordnung untereinander oder anderen Verpflichteten gegenüber ausgeführt werden;
3. soweit die Entgelte von den reichsgesetzlichen Versicherungsträgern, den Krankenkassen der selbständigen Handwerker und Gewerbetreibenden sowie den Ersatzkassen (§§ 503 ff. der Reichsversicherungsordnung) zu zahlen sind:
   a) ärztliche Hilfeleistungen,
   b) ähnliche Hilfeleistungen im Sinne der §§ 122, 123 der Reichsversicherungsordnung,
   c) Lieferungen von Arzneimitteln durch Apothekenbesitzer oder -verwalter oder, soweit es sich um die dem freien Verkehr überlassenen Arzneimittel handelt, durch andere Personen, die solche feilhalten (§ 375 der Reichsversicherungsordnung),
   d) Lieferungen von Heilmitteln, die zur Krankenpflege dienen,
   e) Lieferungen von Hilfsmitteln, die erforderlich sind, um den Erfolg der Heilbehandlung zu sichern oder die Folgen der Verletzung zu erleichtern (§ 558b der Reichsversicherungsordnung).

(2) Die Steuerbefreiung nach Abs. 1 Nr. 3 gilt sowohl dann, wenn die Tätigkeit der Versicherungsträger auf Grund eigener Verpflichtung gegenüber den Versicherten erfolgt, als auch dann, wenn sie auf Ersuchen eines anderen Versicherungsträgers geleistet wird.

(3) Die Bestimmungen der Abs. 1 Nr. 3, Abs. 2 gelten auch für Heilanstalten und Krankenhäuser, soweit sie das Heilverfahren im Auftrag von reichsgesetzlichen Versicherungsträgern durchführen und soweit von diesen die Entgelte für das Heilverfahren zu zahlen sind.

Zu § 2 Nr. 11 des Gesetzes (Erziehung und Ausbildung).

Beherbergung, Beköstigung und Naturalleistungen zu Zwecken der Erziehung und Ausbildung.

§ 22.

Die Steuerbefreiung nach § 2 Nr. 11 des Gesetzes erstreckt sich auf die Entgelte für Beherbergung, Beköstigung und die üblichen Naturalleistungen, soweit es sich um Personen unter 18 Jahren handelt, die außerhalb des Wohnsitzes ihrer Eltern oder Erziehungsberechtigten zu Erziehungs- oder Ausbildungszwecken, gleichgültig welcher Art, nicht nur vorübergehende Aufnahme bei diesen Erziehungs- oder Ausbildungsanstalten finden. Als solche kommen natürliche und juristische Personen, auch bloße Personenvereinigungen in Betracht, wie Pensionate, Erziehungsheime, Lehrlingsheime, Genossenschaftshäuser u. dergl. Die Befreiung entfällt, sofern die Lebenshaltung der Zöglinge in dem Unternehmen über die in einem einfachen bürgerlichen Haushalt übliche hinausgeht.

Zu § 2 Nr. 14 des Gesetzes (Genossenschaften).

Rückvergütung.

§ 23.

Als Rückvergütung im Sinne des § 2 Nr. 14 des Gesetzes gelten die Beträge, die auf Grund von Beschlüssen der Generalversammlung als Rückvergütungen (Warenrabatte) und nicht etwa als Kapitaldividende für das abgelaufene Geschäftsjahr gewährt werden.

Zu § 3 Nr. 1 und 2 des Gesetzes (Befreiung von Unternehmen öffentlich-rechtlicher Körperschaften).

Allgemeines.

§ 24.

Der Ausübung der öffentlichen Gewalt dienen die Hoheitsverwaltungen des Reichs und der Länder sowie die Verwaltungen der Gemeinden (Gemeindeverbände), die öffentlich-rechtliche Aufgaben erfüllen. Sie sind insoweit von der Umsatzsteuer, unbeschadet der Bestimmungen der §§ 25 bis 28, ausgenommen. Eine Erfüllung öffentlich-rechtlicher Aufgaben ist insbesondere anzunehmen, wenn die Aufgaben eines Betriebs oder einer Verwaltung auf Leistungen gerichtet sind, zu deren Annahme der Leistungsempfänger auf Grund gesetzlicher oder behördlicher Anordnung verpflichtet ist.

Post-, Telegraphen- u. Fernsprechverkehr sowie Beförderungsunternehmen für diesen Verkehr.

§ 25.

(1) Die Befreiung des Reichs wegen des öffentlichen Post-, Telegraphen- und Fernsprechverkehrs bezieht sich auf diejenigen Leistungen der betreffenden Verwaltungen, die innerhalb des bezeichneten Aufgabenkreises gelegen sind. Hierzu gehören auch die Kraftwagenlinien der deutschen Reichspost.

(2) Beförderungsunternehmen sind von der Umsatzsteuer nur wegen derjenigen Leistungen ausgenommen, die sie zugunsten der Post auf Grund gesetzlicher Vorschriften auszuführen haben. Dasselbe gilt von der Gestellung und Ueberlassung von Eisenbahnwagen, Eisenbahnabteilen und Eisenbahnplätzen sowie von Räumlichkeiten innerhalb der Bahnhofsgebäude für die Post.

(3) Die Befreiung des Reichs wegen des öffentlichen Post-, Telegraphen- und Fernsprechverkehrs tritt nicht ein, soweit die genannten Verwaltungen Aufgaben übernommen haben, die außerhalb der Ausübung der öffentlichen Gewalt liegen; das gilt z. B. von der Anlage von Privatfernsprechleitungen (Haustelephon), der Uebernahme von Installationsarbeiten und dem Verkaufe von Fernsprechapparaten für solche Leitungen, ferner für den Betrieb der Reichsdruckerei. Posthalter, die Fuhrwerke für die Post zu stellen haben, sind umsatzsteuerpflichtig.

Schlacht- und Viehhöfe und ähnliche Anstalten.

§ 26.

(1) Zu den Betrieben und Verwaltungen, die der Ausübung der öffentlichen Gewalt dienen, gehören auch Schlacht- und Viehhöfe, Anstalten zur Nahrungsmitteluntersuchung, Desinfektionsanstalten, Kadaververnichtungsanstalten, Anstalten zur Müllbeseitigung, zur Straßenreinigung und zur Abführung von Spülwasser und Fäkalien.

(3) Die Befreiung des Reichs, der Länder und Gemeinden (Gemeindeverbände) wegen der im Abs. 1 genannten Anstalten erstreckt sich nur auf diejenigen Leistungen, die regelmäßig mit diesen Betrieben verbunden sind. Umsatzsteuerpflichtig sind daher z. B. bei Schlachthöfen Vieh- und Eisverkäufe.

Gas-, Elektrizitäts- und Wasserwerke.

§ 27.

Die Befreiung des Reichs, der Länder und Gemeinden (Gemeindeverbände) wegen der Gas-, Elektrizitäts- und Wasserwerke bezieht sich ebenfalls nur auf diejenigen Leistnngen, die regelmäßig mit diesen Betrieben verbunden sind. Umsatzsteuerpflichtig sind daher bei Gas- und Elektrizitätswerken Verkäufe von Beleuchtungs- und Heizkörpern sowie Installationsarbeiten, die sich nicht auf die Leitungen, sondern auf die Beleuchtungs- und Heizkörper beziehen. Umsatzsteuerfrei sind insbesondere auch der Verkauf von Koks und Teer, die Vermietung der Meßapparate und die auf die Leitungen bezüglichen Installationsarbeiten. Oeffentlich-rechtliche Zweckverbände werden wie Gemeindeverbände behandelt.

Reichsgesetzblatt, Gesetzsammlungen und Amtsblätter.

§ 28.

Von der Umsatzsteuer ausgenommen sind die Behörden des Reichs und der Länder, soweit sie das Reichsgesetzblatt, die Gesetzsammlungen oder Amtsblätter verwalten.

Zu § 3 Nr. 3 des Gesetzes (Befreiung der gemeinnützigen und wohltätigen Unternehmen).

Begriff der gemeinnützigen Unternehmen.

§ 29.

(1) Gemeinnützig sind Unternehmen oder einzelne Zweige von Unternehmen, wenn sie der Förderung der Allgemeinheit zu dienen bestimmt sind und tatsächlich dienen.

(2) Eine Förderung der Allgemeinheit ist anzunehmen, wenn die Tätigkeit dem gemeinen Besten auf materiellem, geistigem oder sittlichem Gebiete nutzt. Gemeinnützigkeit liegt daher nicht vor, wenn ein Unternehmen nur den Interessen

bestimmter Personen oder eines engeren Kreises von Personen dient oder in erster Linie Erwerbs- oder sonstige eigenwirtschaftliche Zwecke verfolgt.

(3) Der Umstand, daß die Erträge eines Unternehmens einer öffentlich-rechtlichen Körperschaft (Reich, Länder, Gemeinden, Gemeindeverbände) zufließen, bedeutet für sich allein noch keine unmittelbare Förderung der Allgemeinheit.

(4) Allgemeinheit können auch Personenkreise sein, die örtlich, beruflich, nach Stand, Religionsbekenntnis oder nach mehreren dieser Merkmale abgegrenzt sind.

(5) Ein Personenkreis ist nicht als Allgemeinheit anzuerkennen, wenn er durch ein engeres Band, wie Zugehörigkeit zu einer Familie, zu einem Familienverband oder zu einem Vereine mit geschlossener Mitgliederzahl, durch Anstellung an einer bestimmten Anstalt und dergleichen fest abgeschlossen ist, oder wenn infolge seiner Abgrenzung nach einem oder mehreren der im Abs. 4 bezeichneten Merkmale die Zahl der in Betracht kommenden Personen dauernd überhaupt nur eine kleine sein kann.

§ 30.

(1) Als Förderung der Allgemeinheit ist in der Regel anzuerkennen insbesondere die Förderung der Wissenschaft, Kunst und Religion, der Erziehung, Volks- und Berufsbildung, der Denkmalpflege, Heimatpflege, Heimatkunde und des deutschen Volkstums im Ausland, die Förderung der öffentlichen Gesundheitspflege, der Jugendpflege und Jugendfürsorge sowie der körperlichen Ertüchtigung des Volkes durch Leibesübungen (Turnen, Spiel, Sport). Hierzu gehören auch die von den Ländern oder Gemeinden im öffentlichen Interesse geführten oder aus öffentlichen Mitteln unterhaltenen Theater.

(2) Bei Vereinen, die der körperlichen Ertüchtigung des Volkes durch Leibesübungen dienen, sind Einnahmen aus den Eintrittsgeldern, dem Verkaufe von Programmen und Vereinsabzeichen sowie der Vermietung von Uebungsstätten und Geräten von der Umsatzsteuer befreit, wenn die Einnahmen nachweislich überwiegend für Zwecke der körperlichen Ertüchtigung des Volkes durch Leibesübungen verwendet werden.

Begriff der wohltätigen Unternehmen.

§ 31.

(1) Wohltätig sind Unternehmen oder einzelne Zweige von Unternehmen, wenn sie der Wohlfahrtspflege von Personen zu dienen bestimmt sind und tatsächlich dienen.

(2) Wohlfahrtspflege setzt voraus, daß die Leistungen die Befriedigung von Bedürfnissen für ein menschenwürdiges Dasein, für die leibliche und geistige Entwicklung bezwecken, wie sie sich der Leistungsempfänger nach seiner sozialen Lage oder seiner körperlichen Beschaffenheit aus eigenen Mitteln in gleicher Weise nicht selbst verschaffen kann, und daß sie für das Unternehmen mit Opfern verbunden sind. Hierzu gehören auch Wohlfahrtseinrichtungen gewerblicher Unternehmen, sofern die Leistungen nicht in der Hauptsache als Maßnahme zur Erhaltung der Arbeitskraft der Angestellten und Arbeiter anzusehen sind, wie es z. B. bei Kasinos und Kantinen für Angestellte und Arbeiter, bei Badeanstalten in solchen Betrieben, in denen die Reinigung vor Verlassen der Arbeitsstätte geboten erscheint, der Fall ist. Derartige Einrichtungen können demnach in der Regel nicht als ausschließlich wohltätig angesehen werden. Vergleiche auch § 34.

Ausschließlichkeit.

§ 32.

(1) Voraussetzung für die Anwendung der Befreiungsvorschrift des § 3 Nr. 3 des Gesetzes ist, daß ein Unternehmen oder der einzelne Zweig des Unternehmens satzungsmäßig und tatsächlich ausschließlich gemeinnützigen oder wohltätigen Zwecken dient. Werden daher neben den in den §§ 29 bis 31 bezeichneten Zwecken gleichzeitig andere, insbesondere Erwerbs- oder sonstige eigennützige Zwecke verfolgt, so entfällt die Steuerbefreiung.

(2) Die Ausschließlichkeit der Bestimmung zu gemeinnützigen oder wohltätigen Zwecken gilt bei Unternehmen einer Personenvereinigung nicht als beeinträchtigt, wenn den Mitgliedern ein Anteil am Reingewinne zusteht, jedoch nur unter der Voraussetzung, daß dieser Gewinnanteil satzungsgemäß und tatsächlich auf eine Verzinsung von höchstens jährlich 5 vom Hundert der eingezahlten Kapitaleinlagen der Mitglieder beschränkt ist, und daß ferner sichergestellt ist, daß den Mitgliedern sonstige Vermögensvorteile nicht zugewendet werden; ausgenommen sind Vorteile, die innerhalb des auf die Förderung der Allgemeinheit gerichteten Zweckes der Vereinigung liegen, insbesondere die Benutzung der Räume und Einrichtungen und die Teilnahme an den Veranstaltungen der Vereinigung, die den auf die Förderung der Allgemeinheit gerichteten Bestrebungen dienen.

(3) Eine ausschließliche Verfolgung von gemeinnützigen oder wohltätigen Zwecken kann ferner stets nur angenommen werden

a) bei Personenvereinigungen

1. wenn sichergestellt ist, daß die Mitglieder im Falle ihres Ausscheidens oder bei Auflösung der Personenvereinigung nicht mehr als die eingezahlten Einlagen zurückerhalten, und daß im Falle der Auflösung der Personenvereinigung oder des Wegfalls der Gemeinnützigkeit oder Wohltätigkeit das über die eingezahlten Einlagen hinaus vorhandene Vermögen für gemeinnützige oder wohltätige Zwecke verwendet wird und
2. wenn nicht durch unverhältnismäßig hohe Vergütungen (z. B. Aufsichtsratsvergütungen), Entschädigungen oder Gehälter oder durch sonstige Verwaltungsausgaben, die nicht durch den Zweck der Vereinigung bedingt sind, eine Begünstigung Dritter, insbesondere auch außerhalb der Personenvereinigung stehender Personen oder Unternehmen erfolgt;

b) bei Zweckvermögen

1. wenn durch die Satzung oder Verfassung vorgeschrieben und tatsächlich sichergestellt ist, daß im Falle des Erlöschens oder der Auflösung das vorhandene Vermögen zu gemeinnützigen oder wohltätigen Zwecken verwendet wird und
2. wenn die zu a Nr. 2 bezeichneten Voraussetzungen gegeben sind.

(4) Zu den Personenvereinigungen gehören auch die öffentlich-rechtlichen Personenvereinigungen, insbesondere Körperschaften des öffentlichen Rechtes.

(5) Ist das Kapital einer Personenvereinigung auf einen Goldmarkbetrag umgestellt worden, der den Goldwert der von den Mitgliedern eingezahlten Kapitaleinlagen nicht übersteigt, so tritt für die Anwendung der Vorschriften des Abs. 2 und des Abs. 3a Nr. 1 an die Stelle der eingezahlten Kapitaleinlagen

der Nennwert der Anteile der Mitglieder an dem umgestellten Goldmarkkapital der Personenvereinigung.

(6) Ist die Voraussetzung des Abs. 5 nicht gegeben, so gelten bei einer Personenvereinigung, die vor dem 30. November 1923 errichtet ist, die in Abs. 2, 3a Nr. 1 vorgeschriebenen Bedingungen nur dann als erfüllt, wenn jährlich nicht mehr als 5 vom Hundert des Goldwertes, den die eingezahlten Kapitaleinlagen hatten, als Gewinn verteilt werden und wenn die Mitglieder im Falle ihres Ausscheidens oder bei Auflösung der Personenvereinigung nicht mehr als den Goldwert des eingezahlten Betrags zurückerhalten.

Förderung des Kleinwohnungsbaues. **§ 33.**

(1) Als Körperschaften oder Vermögensmassen, deren Unternehmen ausschließlich gemeinnützigen Zwecken im Sinne des Umsatzsteuergesetzes dienen, sind in jedem Falle anzusehen:

a) Personenvereinigungen, die satzungsgemäß und tatsächlich ausschließlich die Förderung des Kleinwohnungsbaues bezwecken und entweder

die Bescheinigung der zuständigen Reichs- oder Landesbehörde darüber vorlegen, daß sie von dieser Behörde als gemeinnützig im Sinne reichs- oder landesrechtlicher Vorschriften zur Förderung des Siedlungs- und Kleinwohnungswesens anerkannt worden sind oder

die im § 32 Abs. 2, 3a, 5 und 6 vorgeschriebenen Bedingungen erfüllen; soweit die Personenvereinigung Kleinwohnungsbauten veräußert, muß ferner sichergestellt sein, daß eine spekulative Gewinnerzielung durch Weiterveräußerung oder eine unangemessene Gewinnerzielung durch Vermieten für die Erwerber bis 31. Dezember 1938 ausgeschlossen ist;

b) die sonstigen von den zuständigen Landesbehörden begründeten oder anerkannten gemeinnützigen Siedlungsunternehmungen im Sinne des Reichssiedlungsgesetzes vom 11. August 1919 (Reichsgesetzbl. S. 1429);

c) die von den obersten Landesbehörden zur Ausgabe von Heimstätten zugelassenen gemeinnützigen Unternehmen im Sinne des Reichsheimstättengesetzes vom 10. Mai 1920 (Reichsgesetzbl. S. 962);

d) rechtsfähige Stiftungen und sonstige rechtsfähige Zweckvermögen, die stiftungs- oder satzungsgemäß und tatsächlich ausschließlich die Förderung des Kleinwohnungsbaues bezwecken und die im § 32 Abs. 3b vorgeschriebenen Bedingungen erfüllen; die Vorschrift unter a, Halbsatz 2 gilt entsprechend.

(2) Eine Förderung des Kleinwohnungsbaues im Sinne des Abs. 1a und d liegt vor, wenn der Zweck der Personenvereinigung oder des Zweckvermögens darauf gerichtet ist, Kleinwohnungsbauten zu errichten, um diese zu angemessenen Preisen zu veräußern oder um die darin eingerichteten Kleinwohnungen zu angemessenen Preisen zu vermieten.

(3) Kleinwohnungsbauten im Sinne des Abs. 2 sind solche Neu- oder Umbauten, durch welche ausschließlich Kleinwohnungen hergestellt werden. Kleinwohnungen sind regelmäßig solche für Minderbemittelte bestimmte Wohnungen, bei denen der Flächeninhalt der nutzbaren Wohnfläche (Wohn-, Schlafräume, Küche) 90 Quadratmeter nicht übersteigt und die Nebenräume in den ortsüblichen Grenzen bleiben. Wohnungen, welche diese Größe um ein geringes Maß über-

steigen, sind als Kleinwohnungen dann anzusehen, wenn bei geschlossenen Baugruppen die Durchschnittsfläche einer Wohnung das vorgenannte Maß nicht übersteigt oder wenn die Mehrfläche durch eine wirtschaftlich notwendige Grundrißgestaltung der Bauplätze bedingt ist, oder wenn es sich um Wohnungen für kinderreiche Familien handelt.

(4) Nicht ausgeschlossen ist, daß nach besonderen örtlichen Verhältnissen (insbesondere bei Flachbauten auf dem Lande) auch Wohnungen, deren nutzbare Wohnfläche über die sich aus Abs. 3 ergebenden Grenzen hinausgeht, aus anderen Gesichtspunkten als Kleinwohnungen angesehen werden. Die Voraussetzung des Abs. 2 wird schließlich auch dadurch nicht beeinträchtigt, daß bei geschlossenen Kleinwohnungssiedlungen Läden, Werkstätten und andere Räume und Anlagen, sofern sie zur Befriedigung der Bedürfnisse der Bewohner der Siedlung erforderlich sind, eingebaut werden.

Unmittelbarkeit.

§ 34.

(1) Die ausschließlich gemeinnützigen oder wohltätigen Unternehmen sind nur für die Umsätze von der Steuer befreit, die den gemeinnützigen oder wohltätigen Zwecken, d. h. den Empfängern der gemeinnützigen oder wohltätigen Leistungen, unmittelbar zugute kommen und bei denen die vereinnahmten Entgelte unter dem Durchschnitt derjenigen Entgelte bleiben, die von Erwerbsunternehmen für gleichartige Leistungen verlangt werden. Einnahmen für Umsätze anderer Art bleiben umsatzsteuerpflichtig, auch wenn die vereinnahmten Entgelte dazu bestimmt sind, ein Unternehmen zu gemeinnütziger oder wohltätiger Betätigung instand zu setzen, dabei aber die Preise nach Maßgabe der Marktlage bestimmt werden. Dies gilt z. B. für die Einnahmen aus gewerblichen Nebenbetrieben, Bierbrauereien usw., aus dem Verkaufe landwirtschaftlicher Produkte, die in einem Fürsorgeheim, im sogenannten Zwischenbetriebe von Siedlungsgesellschaften, außer von solchen im Sinne des § 1 des Reichssiedlungsgesetzes in der Fassung des Ergänzungsgesetzes vom 7. Juni 1923 (Reichsgesetzbl. I S. 364), und von gemeinnützigen Bauvereinigungen usw. gewonnen werden, für das Plätten, Nähen von Wäsche in einem Magdalenenheim und dergleichen.

(2) Die Heranziehung einzelner Leistungen oder bestimmter Gruppen von Leistungen zur Umsatzsteuer ist auch bei einem einheitlichen gemeinnützigen oder wohltätigen Unternehmen oder bei einem gemeinnützigen oder wohltätigen Betriebszweig eines Unternehmens nicht ausgeschlossen, wenn für die Leistungen die Befreiungsvoraussetzungen nicht gegeben sind. Bei öffentlichen oder diesen gleichgestellten Krankenhäusern, Heil- und Pflegeanstalten und bei sonstigen Einrichtungen, für deren Benutzung die Entgelte nach Klassen abgestuft sind, können diejenigen Leistungen (z. B. in der sogenannten ersten Klasse) steuerpflichtig bleiben, bei denen die Pflegesätze nicht hinter den Entgelten zurückbleiben, die ähnliche Privatunternehmen bei gleichen Leistungen zu fordern pflegen.

Verfahren.

§ 35.

(1) Eine förmliche Anerkennung der Unternehmen als gemeinnützig oder wohltätig findet nicht statt. Unternehmen, die auf die Steuerbefreiung Anspruch zu haben glauben, sind somit gleichwohl zur Abgabe von Voranmeldungen und Umsatzsteuererklärungen verpflichtet; sie haben in der Erklärung die Entgelte, die

für steuerpflichtig oder für steuerfrei gehalten werden, je gesondert anzugeben. Die Finanzämter sind nach näherer Anordnung des Präsidenten des Landesfinanzamts berechtigt, Unternehmen, bei denen erfahrungsgemäß sämtliche oder bestimmte Leistungen als ausschließlich gemeinnützig oder wohltätig zu gelten haben, von der Verpflichtung zur Abgabe von Voranmeldungen und einer Steuererklärung zu befreien oder die Beschränkung der Angaben auf die Entgelte für die nicht gemeinnützigen oder wohltätigen Leistungen zuzulassen, solange das Geschäftsgebaren keine Aenderung erfährt. Die Finanzämter haben sich in angemessenen Zeiträumen darüber zu unterrichten, ob diese Voraussetzung zutrifft. Derartige Unternehmen sind in einer besonderen Liste zu führen, in die Datum und Ergebnis der Prüfung einzutragen sind.

(2) Die Prüfung, ob und für welche Leistungen die Voraussetzungen für die Steuerbefreiung gegeben sind, hat im Veranlagungsverfahren zu erfolgen; Nachprüfung findet im Berufungsverfahren (§ 218 AO.) statt. Die Finanzämter haben vor der Entscheidung über die Steuerpflicht die von den Landeszentralbehörden als zuständig bezeichneten Behörden über die Frage der Steuerbefreiung nach § 3 Nr. 3 des Gesetzes gutachtlich zu hören.

Zu § 3 Nr. 4 des Gesetzes (Nichtöffentliche Schulen und Erziehungsanstalten).

Steuerfreiheit nichtöffentlicher Schulen und Erziehungsanstalten.

§ 36.

(1) Nichtöffentliche Schulen und Erziehungsanstalten aller Art, also auch Fach- und Gewerbeschulen, sind mit ihren Unterrichts- und Erziehungsleistungen umsatzsteuerfrei, wenn sie

1. der staatlichen Aufsicht unterliegen,
2. ihre Betriebe nur mit Zuschüssen aus öffentlichen Mitteln, aus Stiftungen, aus staatlich genehmigten Sammlungen oder aus Mitteln von Fachverbänden aufrechterhalten können und diese Zuschüsse 25 vom Hundert der Gesamtausgaben für Schul- und Erziehungszwecke übersteigen; der Reichsminister der Finanzen ist befugt, andere Arten von Zuschüssen gleichzustellen.

(2) Einnahmen für Umsätze anderer Art bleiben umsatzsteuerpflichtig, auch wenn die vereinnahmten Entgelte dafür bestimmt sind, die Schulen oder Erziehungsanstalten zu ihrer Zweckbestimmung instand zu setzen, dabei aber die Preise nach Maßgabe der Marktlage bestimmt werden (vgl. § 34 Abs. 1 Satz 2 und 3).

(3) § 35 Abs. 1 Satz 2 bis 5 findet entsprechende Anwendung.

Zu § 4 des Gesetzes (Ausfuhrvergütung).

Voraussetzungen; vergütungsfähiger Betrag.

§ 37.

(1) Ein Vergütungsanspruch nach § 4 des Gesetzes steht dem Unternehmer zu, der im Inland erworbene Gegenstände ohne vorherige Bearbeitung oder Verarbeitung (§ 11 Abs. 1) in das Ausland (§ 13 Abs. 2) geliefert hat. Der Vergütungsanspruch besteht nicht, sofern die Lieferung an den ausführenden

Unternehmer auf Grund von § 2 Nr. 1a oder 1b des Gesetzes (§§ 6 bis 8) steuerfrei war; der Vergütungsanspruch besteht dagegen, wenn die Lieferung an den ausführenden Unternehmer auf Grund von § 7 des Gesetzes steuerfrei war, sofern der dieser Lieferung vorangegangene Umsatz steuerpflichtig war. Die Vergütung wird unter Zugrundelegung des geltenden Steuersatzes von dem Teile des beim Umsatz in das Ausland vereinnahmten (vereinbarten) Entgelts berechnet, der nach Abzug einer Summe übrigbleibt, die der Gewinn- und Unkostenspanne im Verhältnis zum Einkaufspreis entspricht. Der Reichsminister der Finanzen bestimmt den Hundertsatz des der Vergütung zugrunde zu legenden Betrags vom vereinnahmten (vereinbarten) Entgelt und stellt Grundsätze darüber auf, inwieweit das Entgelt, insbesondere bei cif-Geschäften um einen nicht vergütungsfähigen Teil zu kürzen ist. Er ist ferner berechtigt, die Vergütung auch Unternehmern zu gewähren, die eine unwesentliche Bearbeitung oder Verarbeitung der Gegenstände über die Zwecke der Umpackung, Sortierung, Reinigung und Erhaltung hinaus vornehmen.

Vergütung nach dem Ist- oder nach dem Sollbetrag.

(2) Der Antrag kann nach Wahl des Vergütungsberechtigten nach den im Antragszeitraum für ausgeführte Waren vereinnahmten Entgelten (Istbetrag) oder nach den Entgelten für die in diesem Zeitraum ausgeführten Gegenstände (Sollbetrag) ohne Rücksicht darauf gestellt werden, ob der Vergütungsberechtigte, soweit er steuerpflichtig ist, die Steuer nach den vereinnahmten oder den vereinbarten Entgelten entrichtet (§§ 8 und 9 des Gesetzes). Die gewählte Art der Antragstellung darf nur mit Zustimmung des Finanzamts geändert werden.

Vergütungssatz.

(3) Für die Berechnung der Vergütung ist derjenige Steuersatz maßgebend, der zu dem Zeitpunkt gilt, in dem die Vereinnahmung des Entgelts (bei Geltendmachung des Vergütungsanspruchs nach Lieferungen: die Lieferung) erfolgt ist.

Antragsfrist.

(4) Der Antrag ist innerhalb sechs Monaten nach Schluß des Kalendervierteljahrs zu stellen für alle im abgelaufenen Kalendervierteljahre für ausgeführte Gegenstände vereinnahmten Entgelte oder — im Falle der Geltendmachung des Vergütungsanspruchs nach Lieferungen — für alle Entgelte, die für die im abgelaufenen Kalendervierteljahr in das Ausland erfolgten Lieferungen vereinbart wurden. Jedoch steht es dem Antragsteller frei, einen kürzeren Zeitraum, mindestens aber einen Kalendermonat, zu wählen. In diesem Falle beginnt die sechsmonatige Ausschlußfrist am Ende des gewählten kürzeren Vergütungsabschnitts. Der gewählte Zeitabschnitt darf im Laufe des Kalenderjahrs nur mit Zustimmung des zuständigen Finanzamts geändert werden.

Antragsmuster.

(5) Der Antragsteller hat nach Anleitung des Musters 3 darzutun, Muster 3.

1. daß und wann er die Gegenstände unmittelbar in das Ausland geliefert hat,
2. daß er sie im Inland erworben hat,
3. daß die Lieferung der Gegenstände an ihn nicht nach § 2 Nr. 1a und 1b des Gesetzes (§§ 6 bis 8) umsatzsteuerfrei war und daß er eine Bear-

beitung oder Verarbeitung über die Abgrenzung des Abs. 1 hinaus nicht vorgenommen hat,

4. welches Entgelt er bei der Lieferung in das Ausland vereinnahmt (bei Geltendmachung der Vergütung nach Lieferungen: welches Entgelt er für die bewirkten Auslandslieferungen vereinbart) hat. Ist das Entgelt in ausländischer Währung vereinnahmt (vereinbart), so sind die Vergütungsbeträge zunächst in der ausländischen Währung zu berechnen und nach dem für den Monat der Vereinnahmung oder — im Falle der Geltendmachung des Vergütungsanspruchs nach Lieferungen — der Lieferung vom Reichsminister der Finanzen nach § 45 festgesetzten Durchschnittskurs auf Reichsmark umzurechnen.

Nachweise.

(6) Für die Nachweise zu Abs. 5 Nr. 1, 2, 4 genügt die Bezugnahme auf die ordnungsmäßige kaufmännische Buchführung unter Hinweis auf die in Frage kommenden Teile der Buchführung. Wegen des Nachweises zu 3 genügt eine entsprechende Versicherung nach bestem Wissen und Gewissen. Die Befugnis der Finanzämter zu weiteren Ermittlungen bleibt vorbehalten. Ergeben sich die nach Abs. 5 und 6 erforderlichen Nachweise weder aus der ordnungsmäßigen kaufmännischen Buchführung des Antragstellers noch aus anderen Unterlagen, so ist der Antrag abzuweisen.

Lieferung an den inländischen Spediteur des Ausländers.

(7) Liefert der Unternehmer an den Spediteur des ausländischen Erwerbers (§ 15) und beansprucht er für den Umsatz Steuerfreiheit nach § 2 Nr. 1c des Gesetzes unter Innehaltung der Bestimmungen des § 15, so steht ihm der Ausfuhrvergütungsanspruch zu, wenn er im Vergütungsantrag außerdem eine dem § 15 Abs. 3 entsprechende Erklärung abgibt. Dasselbe gilt, wenn der Unternehmer den Gegenstand für den ausländischen Erwerber zunächst bei sich in Verwahrung nimmt und ihn dann unmittelbar oder durch den inländischen Spediteur des ausländischen Erwerbers diesem übersendet (§ 15 Abs. 5).

Zu § 7 des Gesetzes (Zwischenhandel).

Vergünstigungen für Ostpreußen. **§ 38.**

(1) Lieferungen von Getreide, Holz, Hülsenfrüchten, Mühlenerzeugnissen oder Saaten aus Ostpreußen nach dem übrigen Deutschland sind umsatzsteuerfrei, auch wenn der unmittelbare Besitz an den Gegenständen durch den aus Ostpreußen liefernden Unternehmer an den belieferten Unternehmer im übrigen Deutschland übertragen wird, sofern

a) die Gegenstände in Ostpreußen erzeugt oder hergestellt worden sind und
b) der liefernde Unternehmer, ohne Erzeuger oder Hersteller der Gegenstände zu sein, seinen Sitz in Ostpreußen hat und
c) die Lieferung dieses Unternehmers durch Versendung auf dem Seeweg ausgeführt wird.

(2) Wird Kohle, Superphosphat, Thomasmehl oder Zement an einen Unternehmer in Ostpreußen als ersten Erwerber aus dem übrigen Deutschland geliefert, so ist die Lieferung der Gegenstände durch den ersten Erwerber in Ost-

preußen umsatzsteuerfrei, auch wenn der unmittelbare Besitz an den Gegenständen durch ihn erworben und übertragen wird, sofern

a) die Gegenstände im Deutschen Reiche erzeugt oder hergestellt worden sind und
b) der belieferte Unternehmer seinen Sitz in Ostpreußen hat und
c) die Lieferung an den Unternehmer in Ostpreußen durch Versendung auf dem Seeweg ausgeführt worden ist.

(3) Die Abs. 1, 2 gelten für Lieferungen, die bis zum 30. Juni 1928 ausgeführt werden.

Sammelsendungen.

§ 39.

Bei Sammelsendungen von Saatgut, Futter-, Einstreu- oder Düngemitteln sind auch die im eigenen Namen handelnden Vertreter der Landwirte, für welche die Lieferungen bestimmt sind, berechtigt, der Berechnung der Umsatzsteuer für ihre Lieferungen an die Landwirte lediglich die Vermittlungsgebühr zugrunde zu legen, wenn sich ihre Tätigkeit auf die bloße Aussonderung aus der Sammelsendung an die bei der Bestellung beteiligten Landwirte beschränkt.

Wein- und Hopfenkommissionäre.

§ 40.

Die sogenannten Wein- und Hopfenkommissionäre in den Wein- und Hopfengebieten sind befugt, der Berechnung der Umsatzsteuer lediglich die Vermittlungsgebühren zugrunde zu legen, sofern sie auch bei eigentlichen Kommissionsgeschäften für den gleichen Steuerabschnitt von dem Vorrecht des § 7 des Gesetzes keinen Gebrauch machen.

Terminhandel.

§ 41.

Der Reichsminister der Finanzen kann Befreiungen oder Vergütungen aussprechen, um für den Terminhandel im Sinne des Börsengesetzes vom 27. Mai 1908 (Reichsgesetzbl. S. 215) mit Gegenständen, die nicht unter die Befreiungsvorschrift des § 2 Nr. 2 des Gesetzes fallen, eine einheitliche Preisbildung für Waren verschiedener Herkunft zu ermöglichen; er erläßt die näheren Bestimmungen über das Verfahren.

Buchführung beim Zwischenhandel.

§ 42.

Der Unternehmer, der die Steuerfreiheit nach § 7 des Gesetzes in Anspruch nimmt, hat gemäß §§ 13, 14 des Gesetzes die Entgelte, die er für die nach § 7 des Gesetzes umsatzsteuerfreien Lieferungen vereinnahmt, getrennt von den Entgelten für seine sonstigen Leistungen zu buchen; die Buchung hat zu enthalten den Gegenstand nach der handelsüblichen Bezeichnung und nach der Menge, Gewicht oder Stückzahl, Name (Firma) und Wohnort (Sitz) des Lieferers und des Abnehmers, Tag der etwaigen Absendung des Gegenstandes an den Abnehmer, das vereinnahmte Entgelt, den Hinweis auf die entsprechenden Belege und einen Vermerk über die Abwicklung der Lieferung an den Abnehmer (z. B. durch Umkartierung, selbständiges Abholen des Abnehmers, Verteilung, Zuleitung durch Besitzdiener oder selbständige Beförderung durch Abnehmer auf Grund eines besonderen oder lediglich eines Beförderungsvertrags). Als Anleitung dient Muster 4. Führt der Unternehmer Bücher nach den Vorschriften des Handelsgesetzbuchs, so ist ausreichend, wenn sich aus den Büchern ohne weiteres (z. B. durch Unterstreichen mit roter Tinte oder durch entsprechenden Zusatz) ergibt, für welche Entgelte Umsatzsteuerfreiheit nach § 7 des Gesetzes beansprucht wird. Muster 4.

Zu § 8 des Gesetzes (Entgelt).

Spediteure. § 43.

Spediteure können Zollauslagen, die sie für ihre Auftraggeber machen, von der Gesamtheit der steuerpflichtigen Entgelte absetzen.

Sprengstoffe. § 44.

Von der Umsatzsteuer sind ausgenommen die Entgelte für die Hingabe von Sprengstoffen durch Bergwerksunternehmen an ihre Arbeiter zum Gebrauch innerhalb des Betriebs.

Umrechnung ausländischer Werte. § 45.

Ausländische Werte (§ 8 Abs. 8 des Gesetzes) sind auf Reichsmark nach dem Kurse umzurechnen, den der Reichsminister der Finanzen für den Monat, in dem die Vereinnahmung oder, bei Versteuerung nach § 9 des Gesetzes, die Leistung erfolgt, als Durchschnittskurs festsetzt. Ergibt bei der Versteuerung nach § 9 des Gesetzes die Umrechnung nach dem Durchschnittskurse des Monats der Vereinnahmung einen anderen Betrag als die Umrechnung nach dem Durchschnittskurse des Monats der Leistung, so kann der Steuerpflichtige nach § 16 des Gesetzes den Unterschied absetzen, sofern das vereinnahmte Entgelt geringer ist. Ist das vereinnahmte Entgelt höher, so muß er den Mehrbetrag in die Voranmeldung oder in die Steuererklärung für den Voranmeldungsabschnitt (Steuerabschnitt), in dem die Vereinnahmung erfolgt ist, aufnehmen.

Zu § 9 des Gesetzes (Besteuerung nach der Solleinnahme).

Wechsel in der Besteuerungsart. § 46.

(1) Will ein Steuerpflichtiger statt der Steuerentrichtung nach den im Steuerabschnitte vereinnahmten Entgelten die Besteuerung nach den Entgelten für die im Steuerabschnitte bewirkten Leistungen (§ 9 Abs. 1 des Gesetzes) vornehmen, so hat er unter Darlegung der Gründe für die Abweichung von der Regel des Gesetzes und unter Angabe, ob die Aenderung dauernd oder nur für einen bestimmten Zeitraum begehrt wird, bei dem Finanzamt einen schriftlichen Antrag zu stellen. Die Genehmigung ist nur zu erteilen, wenn es sich um Unternehmen handelt, in denen Bücher nach den Vorschriften des Handelsgesetzbuchs geführt werden; sie soll nicht erteilt werden, wenn die Entgelte unmittelbar nach Ausführung der Lieferung oder Leistung vereinnahmt werden. Den im § 56 Abs. 2 genannten Unternehmen ist die Entrichtung der Steuer nach dem Entgelte für die bewirkten Leistungen (§ 9 Abs. 1 des Gesetzes) allgemein gestattet.

(2) Hat der Steuerpflichtige zunächst nach den vereinnahmten Entgelten versteuert, so ist die Genehmigung an die Bedingung zu knüpfen, daß er Entgelte, die für in früheren Steuerabschnitten bewirkte Leistungen noch eingehen, in dem Steuerabschnitte des Einganges versteuert.

(3) Die Genehmigung zum Uebergange von der auf Antrag zugestandenen Versteuerung nach Leistungen zu derjenigen nach den vereinnahmten Entgelten ist nur unter der Bedingung zu erteilen, daß der Steuerpflichtige diejenigen Entgelte, die in früheren Steuerabschnitten vereinnahmt sind, während die Leistung erst in einem Steuerabschnitte nach dem Wechsel der Besteuerungsart erfolgt, in dem ersten Steuerabschnitte nach dem Wechsel zur Versteuerung bringt.

(4) Der Betrag der im Falle des Abs. 2 und 3 nachträglich zu versteuernden Entgelte ist in den Erklärungen neben dem Gesamtbetrage der sonstigen zu versteuernden, auf die Leistungen entfallenden Entgelte besonders aufzuführen.

Zu § 11 des Gesetzes (Abwälzung der Steuer).

Verbot der offenen Abwälzung und Preiszuschlag.

§ 47.

Gemäß § 11 des Gesetzes muß der Steuerpflichtige die Steuer bei der Abwälzung in das Entgelt für die Lieferung oder sonstige Leistung einrechnen. Der dazu erforderliche Zuschlag zum Grundpreis berechnet sich nach der Formel 100 mal p geteilt durch 100 weniger p; dabei bedeutet p den Satz der Steuer. Bei einem Steuersatze von 7,5 vom Tausend beträgt der zur Abwälzung erforderliche Preisaufschlag 7,55 vom Tausend.

Offene Abwälzung bei gesetzlich bemessenen Gebühren.

§ 48.

(1) Die Steuer neben dem Entgelt getrennt in Rechnung zu setzen, ist nach § 11 des Gesetzes nur zulässig, wenn als Entgelt für eine Leistung gesetzlich bemessene Gebühren anzusetzen sind. Solche sind z. B. die Gebühren für Rechtsanwälte, Notare und Patentanwälte, die Taxen für approbierte Aerzte und Zahnärzte sowie für Apotheker, soweit diese Arzneien nach der deutschen Arzneitaxe abgeben, die Gebühren für Bezirkshebammen, für Bezirksschornsteinfeger und dergleichen, soweit diese Steuerpflichtigen die in den Gesetzen vorgesehenen Sätze anwenden. Markenpreise, d. h. Preise, die für bestimmte Gegenstände durch Vereinbarung zwischen Hersteller oder Großhändler und Einzelhändler festgesetzt sind, berechtigen den Kleinhändler nicht, die Umsatzsteuer getrennt in Rechnung zu stellen.

(2) In den Fällen des Abs. 1 Satz 1 ist die Umsatzsteuer kein Teil des steuerpflichtigen Entgelts und wird daher in das steuerpflichtige Entgelt nicht eingerechnet (§ 47).

Zu § 13 des Gesetzes (Aufzeichnungspflicht).

Grundsätzliche Regelung.

§ 49.

(1) Der Aufzeichnungspflicht (§ 13 des Gesetzes) ist genügt, wenn

1. sämtliche Entgelte, die der Steuerpflichtige für seine Leistungen erhält, fortlaufend, mindestens täglich, in ein Buch eingetragen werden und
2. am Schlusse jedes Steuerabschnitts der Gesamtbetrag der vereinnahmten Entgelte ohne Rücksicht auf ihre Verwendung zu Anschaffungen usw. ermittelt wird und
3. weder bei der Eintragung der einzelnen Entgelte noch bei der Zusammenzählung am Schlusse des Steuerabschnitts die geschäftlichen oder häuslichen Ausgaben vorher abgezogen werden.

(2) Pflegt der Steuerpflichtige vor der Ermittlung des Betrags der vereinnahmten Entgelte aus der Kasse Beträge zur Bestreitung von Ausgaben zu entnehmen, so hat er über diese Ausgaben Aufzeichnungen zu führen, die ihm und dem nachprüfenden Finanzamt die Ermittlung der vereinnahmten Entgelte

ohne Abzug der Ausgaben gestatten. Ebenso müssen die aus den Einnahmen bestrittenen geschäftlichen Ausgaben erforderlichenfalls durch Einkaufsbücher usw. nachgewiesen werden.

(3) Die Eintragungen haben sich auch auf den Eigenverbrauch (§ 1 Nr. 2 des Gesetzes) vorbehaltlich der im § 52 vorgesehenen Ausnahmen zu erstrecken.

Ausnahmen bei Betrieben mit einem Umsatz von nicht mehr als 10 000 Reichsmark.

§ 50.

In Unternehmen, bei denen die Gesamtheit der vereinnahmten Entgelte im vorhergehenden Steuerabschnitte nicht mehr als 10000 Reichsmark betragen hat und kein Anlaß zu der Annahme besteht, daß die Entgelte im laufenden Steuerabschnitte diesen Betrag übersteigen werden, ist eine abweichend von der Regel des § 49 Abs. 1 Nr. 1 nur am Schlusse jeder Woche erfolgende Eintragung der vereinnahmten Entgelte nicht als Verletzung der Aufzeichnungspflicht zu betrachten.

Besonderes bei landwirtschaftlichen Betrieben mit einem Umsatz von nicht mehr als 10 000 Reichsmark.

§ 51.

Für landwirtschaftliche Betriebe, bei denen die Gesamtheit der vereinnahmten Entgelte im vorhergehenden Steuerabschnitte nicht mehr als 10 000 Reichsmark betragen hat und kein Anlaß zu der Annahme besteht, daß die Entgelte im laufenden Steuerabschnitte diesen Betrag übersteigen werden, können, soweit bisher gewohnheitsmäßig bei Unternehmen dieser Art Aufzeichnungen nicht gemacht zu werden pflegten, die Finanzämter den Mangel von Aufzeichnungen als nicht auf einem Verschulden des Steuerpflichtigen beruhend ansehen.

Ausnahmen für die Aufzeichnung des Eigenverbrauchs.

§ 52.

In den im § 50 genannten Unternehmen sowie in allen landwirtschaftlichen Betrieben kann der Eigenverbrauch (§ 1 Nr. 2 des Gesetzes) von der laufenden Eintragung in das Buch ausgenommen und am Schlusse jedes Steuerabschnitts in einem geschätzten Betrage der Gesamtheit der Entgelte hinzugerechnet werden.

Rechtsanwälte.

§ 53.

(1) Neben den Büchern und Aufzeichnungen, die den Vorschriften der §§ 162, 163 der Reichsabgabenordnung, § 13 des Gesetzes, § 49 dieser Bestimmungen entsprechen, haben auch diejenigen Bücher der Rechtsanwälte die Vermutung des § 208 der Reichsabgabenordnung für sich, die statt der Aufzeichnung der täglichen Einnahmen nur diejenigen Beträge enthalten, die auf Grund der Schlußabrechnung in jeder einzelnen Sache in dieser Sache vereinnahmt worden sind. Erstreckt sich eine Sache auf längere Zeit als auf den laufenden und den folgenden Steuerabschnitt, so ist eine vorläufige Abrechnung bis zum Ende spätestens jeden zweiten Steuerabschnitts anzufertigen und in die Bücher einzutragen.

(2) Sofern die Rechtsanwälte Kostenvorschüsse als solche besonders verbuchen und behandeln (also z. B. auf besonderem Bankkonto einzahlen), sind die Kostenvorschüsse erst mit der Erledigung des Auftrags oder mit der Abrechnung der Sache umsatzsteuerpflichtig.

(3) Umsatzsteuerfrei sind die durchlaufenden Posten, d h. diejenigen Beträge, die die Rechtsanwälte für ihre Auftraggeber in deren Namen und für deren Rechnung vereinnahmen und verausgaben.

(4) Zur Abgeltung der zahlreichen kleinen Beträge an durchlaufenden Posten, insbesondere der Zustellungs- und Stempelkosten, dürfen die Rechtsanwälte einen Pauschalabzug von 5 vom Hundert der gesamten vereinnahmten Entgelte machen. Unberührt hiervon bleibt die Umsatzsteuerfreiheit der Streit- oder Vergleichssumme, Hypothekengelder und sonstiger Beträge, die die Rechtsanwälte einnehmen und an ihre Auftraggeber oder deren Gegner und dergleichen auszahlen.

(5) Die Bestimmungen der Abs. 2 bis 4 gelten auch für die Voranmeldungen und Vorauszahlungen.

(6) Ueben mehrere Rechtsanwälte die Praxis gemeinschaftlich aus (Anwaltssozietäten), so sind sie auf Antrag zur Abgabe einer gemeinschaftlichen Steuererklärung bei dem Finanzamt zuzulassen, in dessen Bezirke die Tätigkeit ausgeübt wird.

Notare.

§ 54.

(1) Die Buchführungspflicht der Notare beschränkt sich auf die Aufzeichnung der Entgelte für diejenigen Leistungen der Notare, die sich nicht als ein Ausfluß ihrer öffentlich-rechtlichen Tätigkeit darstellen. Steuerpflichtig und daher aufzeichnungspflichtig sind also die Entgelte für Erteilung von Rat und Auskunft, Abfassung von Gutachten, Entwürfe von Urkunden, Testamentsvollstreckungen usw., soweit diese Leistungen nicht als Teil der Urkundentätigkeit der Notare anzusehen sind. Nicht steuerpflichtig sind die Entgelte für Beurkundungen und Beglaubigungen, Erteilung vollstreckbarer Ausfertigungen notarieller Urkunden, Hinterlegung und Auszahlung von Geldern, Stellung von Anträgen an Gerichte und andere Behörden auf Grund der von den Notaren vorgenommenen Beurkundungen, Einlegung von Beschwerden und weiteren Beschwerden, in denen die Notare Anträge bei dem Gericht erster Instanz gestellt haben, die Tätigkeit des Notars als Verwahrers von Aktien zum Zwecke der Beteiligung an Generalversammlungen (§ 255 Abs. 2a HGB.) und dergleichen.

(2) Weisen die Notare die durchlaufenden Posten (§ 53 Abs. 3) sowie die Entgelte für diejenigen Leistungen, die sich nicht als ein Ausfluß ihrer öffentlich-rechtlichen Tätigkeit darstellen, nicht im einzelnen nach, so können sie ihrer Umsatzsteuererklärung (Umsatzsteuervoranmeldung) als steuerpflichtigen Pauschalbetrag 15 vom Hundert des Umsatzes aus der gesamten notariellen Tätigkeit zugrunde legen.

Rechtsanwälte, die zugleich Notare sind.

(3) Die Bestimmungen des § 53 und des § 54 Abs. 1 und 2 finden auf diejenigen Rechtsanwälte und Notare entsprechende Anwendung, die in ihrer Buchführung und ihrer Voranmeldung (Steuererklärung) zwischen den Entgelten aus anwaltlicher und notarieller Tätigkeit derart unterscheiden, daß bei jedem vereinnahmten und abgesetzten Posten ersichtlich ist, ob er aus der einen oder der anderen Tätigkeit stammt.

Patentanwälte.

§ 55.

Auf die Patentanwälte findet § 53 mit folgender Maßgabe entsprechende Anwendung:

1. die Vermutung des § 208 der Reichsabgabenordnung (§ 53 Abs. 1) gilt auch für Abrechnungen, die in kürzeren Zeiträumen, z. B. bei dem Ver-

kehre zwischen inländischen und ausländischen Patentanwälten in der Regel vierteljährlich stattfinden;

2. als durchlaufender Posten im Sinne des § 53 Abs. 3 kommen ferner insbesondere in Betracht: für die Erlangung, Aufrechterhaltung, Umschreibung oder Anfechtung von gewerblichen Schutzrechten gezahlte Gebühren, z. B. die an den ausländischen Vertreter gezahlten Vertretungsgebühren, die aus einem Lizenzvertrag über ein gewerbliches Schutzrecht für den Lizenzgeber vereinnahmten oder für den Lizenznehmer verausgabten Beträge;
3. nicht zu den durchlaufenden Posten gehören Entgelte, die auf Grund eines im Inland erteilten Auftrags vereinnahmt sind, mag auch die Ausführung des Auftrags im Ausland liegen;
4. § 53 Abs. 4 ist nicht anwendbar.

Banken und Bankiers.

§ 56.

(1) Von der gesonderten Angabe der Gesamtheit der vereinnahmten Entgelte und der steuerpflichtigen Entgelte (§ 17 Abs. 4 Nr. 1 und 2 des Gesetzes) ist befreit, wer von den gesamten vereinnahmten Provisionen aus Bankgeschäften aller Art 8 vom Hundert der Umsatzsteuer unterwirft, sofern er die Gesamtsumme der Einnahmen aus Provisionen angibt und gleichzeitig anführt, aus welchen Gruppen von Provisionsgewinnen sich diese Summe zusammensetzt. Die Höhe der einzelnen Gruppen von Provisionsbeträgen braucht also nicht angegeben zu werden. Zu den nichtsteuerpflichtigen Provisionen gehören Provisionen aus Umsätzen von Effekten, Devisen, Coupons, Wechseln, Avalen, die die Bank im eigenen Namen übernimmt und verkauft, Provisionen für Prolongationen, Inkassi, Einnahmen aus dem Kreditverkehr, aus Kontokorrent (Einzelprovisionen, Umsatzprovisionen aus Diskonto- und Lombardgeschäften, Zahlungs- und Ueberweisungsverkehr). Zur Erleichterung der Arbeit der Finanzämter und zum besseren Verständnis sollen die Banken etwa geführte besondere Bezeichnungen von Provisionskonten durch die allgemein üblichen Bezeichnungen erläutern.

(2) Die Reichsbank, Banken und Bankiers, die dem Zentralverbande des Deutschen Bank- und Bankiergewerbes, Sparkassen, die dem Deutschen Sparkassenverband und Kreditvereine im Sinne des Genossenschaftsgesetzes vom 14. Juni 1898 (Reichsgesetzbl. S. 810), die Revisionsverbänden angehören, der Deutsche Zentralgiroverband Berlin und die dem Deutschen Zentralgiroverband angeschlossenen Girozentralen sowie die Depositenbanken im Sinne des Gesetzes über Depot- und Depositengeschäfte vom 26. Juni 1925 (Reichsgesetzbl. I S. 89) sind von den Voranmeldungen und Vorauszahlungen im Sinne von § 19 des Gesetzes befreit, wenn sie vierteljährliche Vorauszahlungen in Höhe von 20 vom Hundert des für den vorhergehenden Steuerabschnitt veranlagten Umsatzsteuerbetrags entrichten. Hat die Veranlagung noch nicht stattgefunden, so richtet sich die Höhe der Vorauszahlung nach dem für den vorhergehenden Steuerabschnitt in der Steuererklärung angegebenen Umsatz. Die Befreiung besteht, gleichgültig, ob Pauschalierung nach Abs. 1 gewählt wird oder nicht.

Zu § 14 des Gesetzes (Steueraufsicht beim Straßenhandel).

Sicherstellung der Steuer beim Straßenhandel.

§ 57.

Wer ohne Begründung einer gewerblichen Niederlassung oder außerhalb seiner gewerblichen Niederlassung von Haus zu Haus oder auf öffentlichen Wegen,

Straßen, Plätzen oder an anderen öffentlichen Orten (z. B. auf der Oeffentlichkeit zugänglich gemachten Privatgrundstücken) innerhalb einer selbständig von ihm ausgeübten Tätigkeit Lieferungen oder sonstige Leistungen gegen Entgelt ausführt, hat gemäß § 14 Abs. 2 des Gesetzes den Eingang der Steuer durch Anzahlung sicherzustellen.

Befreiung des Straßenhandels von der Sicherstellung.

§ 58.

Von der Verpflichtung, eine Anzahlung (§ 57) zu leisten, sind befreit:

1. der Handel mit Zeitungen und Zeitschriften,
2. wer an einem Markte im Sinne der §§ 64 ff. der Reichsgewerbeordnung in den Grenzen der Marktordnung teilnimmt und lediglich selbstgewonnene Erzeugnisse der Land- und Forstwirtschaft, des Garten- und Obstbaues, der Geflügel- und Bienenzucht sowie der Jagd und Fischerei feilbietet,
3. wer innerhalb des Gemeindebezirkes seiner gewerblichen Niederlassung Lieferungen oder sonstige Leistungen im Sinne des § 57 ausführt und Bücher nach kaufmännischen Grundsätzen oder Aufzeichnungen im Sinne des § 49 führt,
4. wer außerhalb des Gemeindebezirkes seiner gewerblichen Niederlassung Lieferungen oder sonstige Leistungen im Sinne des § 157 ausführt und Bücher nach kaufmännischen Grundsätzen führt,
5. Mitglieder von Verbänden der am Handel nach § 57 beteiligten Gewerbe nach näherer Anordnung des Reichsministers der Finanzen. Als Verbände im Sinne dieser Bestimmungen gelten nur die vom Reichsminister der Finanzen ausdrücklich anerkannten Fachverbände.

Anzahlung, Steuerheft.

§ 59.

(1) Die Höhe der Anzahlung nach § 57 wird durch das Finanzamt nach vorherigem Gehör des Steuerpflichtigen unter Berücksichtigung der wirtschaftlichen Verhältnisse festgesetzt. Die Finanzämter haben nach näherer Anweisung der Präsidenten der Landesfinanzämter die Anzahlung derart zu bemessen, daß nach den Verhältnissen des Einzelfalls Nachzahlungen für den Steuerabschnitt nach Möglichkeit vermieden werden.

(2) Die Anzahlung hat, wenn es sich um den Beginn einer selbständigen Tätigkeit im Sinne des § 57 handelt, bei Anmeldung des Beginns der Tätigkeit, im übrigen bei Beginn jedes Steuerabschnitts zu erfolgen.

(3) Das Finanzamt bestätigt dem Pflichtigen den Empfang der Anzahlung durch Aushändigung eines Steuerhefts. Die Aushändigung kann nach näherer Bestimmung der Präsidenten der Landesfinanzämter von der Erstattung der Selbstkosten abhängig gemacht werden.

(4) Die näheren Bestimmungen über die Ausstellung und Führung des Steuerhefts, über die Erteilung von Bescheinigungen über die Befreiung in den Fällen des § 58 Nr. 3 bis 5, über den Steuerabschnitt sowie über die Abrechnung nach Ablauf des Steuerabschnitts trifft der Reichsminister der Finanzen.

Berlin, den 25. Juni 1926.

Der Reichsminister der Finanzen.

In Vertretung

Popitz.

Anlage 1a
(§ 7 DurchfBest.).

Freiliste 1 a.

Betrifft die Befreiung der Umsätze innerhalb der verlängerten Einfuhr.

Abbrände (kupfer- und zinkhaltige)
Albumin
Altmaterialien
Altpapier
Ameiseneier

Balata
Baumwollabfälle
Benzin
Bettfedern
Bienenhonig
Borsten
Branntwein (Sprit aller Art)
Braunkohle
Bretter (s. Holz)
Brettchen für Bleistiftfabrikation
Butter

Camphor (Kampfer)
Chilesalpeter

Därme und tierische Blasen
Daunen
Düngemittel

Edelsteine (wie Liste 1 b)
Eier von Geflügel
Eigelb
Eiprodukte
Eiweiß
Eisen in Halb- und Fertigfabrikaten
Erdöle
Erze

Feldspat
Felle
Fette
Fische, und zwar Süßwasserfische, frische Salzwasserfische, Heringe, frische, gesalzene, Mies- und andere Seemuscheln, Krabben, Fischkonserven
Flachs
Furniere
Fleischwaren einschließlich frischer, gefrorener, gepökelter Schlachtabfälle und Innereien
Florida-Bleicherde
Futtermittel, soweit nicht ausdrücklich genannt

Gasöl
Gerbstoffe und Gerbstoffauszüge
Getreide
Getrocknete Teile exotischer Pflanzen aller Art
Gewürze aller Art
Gummi in Platten und Stücken
Guttapercha

Habutai (japanisches Rohseidengewebe der Zolltarifnummer 401)
Hanf
Häute und Felle, auch enthaarte, halb- oder ganzgare, noch nicht gefärbte oder weiter zugerichtete Schaf- und Ziegenfelle der Zolltarifnummer 544
Hede
Heringe (gesalzen)
Hülsenfrüchte
Holz der Zolltarifnummern 74 bis 86
Holzdestillationsprodukte
Hutstumpen aus Palmblatt- u. Manilageflecht, unausgerüstet

Kaffee, roh
Kakao
Kammzug
Kampok
Kautschuk
Kienöl
Kleie
Konserven (Fleischwaren)
Kolonialprodukte aller Art und Südfrüchte, z. B. getrocknete Aepfel und Pflaumen, Aprikosen, Feigen, Korinthen, Mandeln, Rosinen
Kohlenwasserstoffe
Koks
Korkholz, Kork in Streifen, Scheiben und Würfeln, Korkabfälle (auch Korkschrot, Korkmehl, Korkwolle)
Kunstseide
Kunstwolle

Leder
Leimleder
Linters
Lumpen

Milch (frisch, sterilisiert, kondensiert, Trockenmilch)
Mineralöle und Mineralfette

Oele
Oelsaaten und Oelfrüchte aller Art

Pech
Petroleum
Porzellanerde

Reis
Rohbaumwolle
Rohdrogen
Rohjute
Rohleim
Rohmetalle
Rohseide
Rohstoffe (soweit nicht in der Aufzählung bereits enthalten)
Rohtabak
Rohwolle
Rohzucker (Roherzeugnis des Rohr- u. Rübenzuckers)
Rückstände und Abfälle

Säcke, gebrauchte, die als Warenumschließungen eingehen, und Kalkuttasäcke
Sämereien und Saaten
Santonin
Schmalz
Schmieröle
Schrott
Speck
Sperrplatten
Spirituosen (Trinkbranntwein)
Stahl in Halb- und Ganzfabrikaten
Stärke und Stärkemehl
Steinkohle
Stuhlsitze aus Holz

Tabak, fermentiert
Tabaklaugen, -karotten, -rippen und -stengel
Talg und Tran
Tee
Teer
Teeröle
Telegraphenstangen
Tierhaare

Wein
Wollabfälle

Zellstoff
Zucker (raffiniert).

Anlage 1 b
(§ 8 DurchfBest.)

Freiliste 1 b.

Betrifft die Befreiung der ersten Umsätze nach der Einfuhr.

Alaune (Chrom, Eisen und Kupfer)
Altmetalle, auch in Blockform
Altpapier, Papierabfälle
Antimon
Asphalt
Asbest, roh und gemahlen

Balsame, künstliche
Bettfedern und Daunen
Bimssteine
Blei
Borsten, Borstenersatzstoffe aus Horn, Piassava, Grenelle, Loofah, Fiber, Espartogras, Zakaton, Bast und ähnliche Faserstoffe
Braunstein
Bücher, Zeitungen, Zeitschriften

Chromverbindungen

Därme und tierische Blasen
Drogen, roh

Edelsteine, Halbedelsteine, Perlen, ungefaßt
Eisen, und zwar Bandeisen, Bleche, Formeisen, Röhren, Stabeisen, Walzdraht

Feldspat
Fischkonserven
Fischschuppen
Futtermittel:
1. Grünfutter, z. B. Gräser, Klee, Hülsenfrüchte
2. Heu, z. B. von Wiesen u. Gräsern, von Klee, Hülsenfrüchten
3. Stroh, z. B. Getreidestroh, Hülsenfruchtstroh
4. Spreu und Schalen
5. Wurzel- und Knollenfrüchte, z. B. Kartoffeln, Futterrüben
6. Körner und Früchte, z. B. Gerste, Hafer und Mais, Bohnen, Lupinen, Eicheln, Kastanien
7. Gewerbliche Abfälle u. Produkte:
   a) Abfälle der Müllerei, z. B. Getreidekleie, Reisabfälle, Erbsenkleie,
   b) Abfälle der Stärkefabrikation, z. B. Kartoffelpülpe, Maistreber,
   c) Abfälle der Zuckerfabrikation, z. B. Melasse, Trockenschnitzel,
   d) Abfälle der Gärungsgewerbe, z. B. Biertreber, Schlempe, Malzkeime,
   e) Rückstände der Oelfabrikation, z. B. Leinkuchen, Erdnußkuchen, Palmkernkuchen
8. Tierische Abfälle u. Produkte, z. B. Ameiseneier, Blutmehl, Fischmehl, Fleischfuttermehl

Gasruß (amerikanischer)
Gerbstoffe
Gerb- und Farbhölzer, roh oder in Form von Extrakten, Färberrinden, auch gemahlen
Getrocknete Teile exotischer Pflanzen aller Art
Gewürze aller Art
Glimmer
Graphit
Guttapercha, Kautschuk, Balata, roh oder gereinigt; Regenerate in Platten oder Stücken; Abfälle und abgenutzte Stücke von Waren aus Kautschuk und von Kautschuk usw.

Haare aller Art
Haargewirre von Menschenhaaren, zu Perücken oder anderen Haararbeiten nicht verwendbar
Haarnetze
Härze, und zwar Terpentinharze, Kauri und andere Kopale, Dammar- und andere Hartharze, Weichharze, natürliche Balsame, Gummiharze, Akaziengummi, ferner Tragantgummi, Gummilack, Schellack
Häute und Felle, roh, auch zur Pelzwerkbereitung
Holz der Zolltarifnummern 74 bis 86
Hopfen
Hutborden und Hutgeflechte

Industriediamanten
Jod
Isländisches Moos (Karagaheenmoos)

Kapok
Käsestoff (Kasein)
Korkholz, Kork in Streifen, Scheiben und Würfeln, Korkabfälle (auch Korkmehl, Korkschrot, Korkwolle)
Kupfer

Lebensmittel: Buchweizen, Butter, Buttermilch und Molken, Eier, Eigelb und Eiweiß, Federvieh, Fische, und zwar Süßwasserfische, frische Salzwasserfische, Heringe, frische, gesalzene, Mies- und andere Seemuscheln, Krabben, Fleisch und Zubereitungen von Fleisch, insbesondere auch Fleischextrakt und Wurst, frische, gefrorene, gepökelte Schlachtabfälle und Innereien, Fleischkonserven, Getreide, Hart- und Weichkäse, Honig, Kaffee, roh, Kakao, roh, mit Ausnahme der Kakaoerzeugnisse, Kartoffeln und Kartoffelprodukte, frische Küchengewächse (Gemüse, Pilze, Wurzeln), Marmelade, Milch, und zwar Frischmilch, Trockenmilch u. Kondensmilch (auch eingedickte Milch), Obstsäfte der Zolltarifnummern 59 u. 60 mit Ausnahme von Südfruchtsaft, Oleomargarin, Premier Jus, Reis, Schlachtvieh, Schweine- und Gänsefett, roh, Fett- und Magerquark, Speisehülsenfrüchte, Talg, Tee, Teigwaren, tierische Fette, und zwar Schmalz von Schweinen u. Gänsen, und andere schmalzartige Fette
Leder der Zolltarifnummer 544 sowie halbgare, nicht weiter zugerichtete Rindleder (Kipse)
Leimleder, Knochen und andere tierische Abfälle für die Leimherstellung, Rohleim
Linters
Lumpen und Lumpenabfälle

Meerschwämme, roh

Naphthensäure
Nickel
Nüsse und Nußkerne, nämlich Hasel-, Wal- und Paranüsse, geraspelte Kokosnuß, Nußkerne und Cachoukerne

Obst der Zolltarifnummern 47 bis 49
Obstkerne der Zolltarifnummer 71
Oele und Fette, mineralische, pflanzliche, tierische
Oelsaaten und Oelfrüchte, insbesondere Rapse und Rübsen, Dotter, Senf, Mohn, Sonnenblumensamen, Erdnüsse, Sesam, Leinsaat, Hanfsaat, Baumwollsamen, Sojabohnen, Palmkerne, Kopra
Ozokerit (Erdwachs)

Paraffin
Pflanzen und Blumenzwiebeln

Quecksilber

Rohphosphate
Raffinier- und Verhüttungsmaterialien, eisen- und metallhaltige aller Art, Eisen- und Stahlschrott aller Art, Eisen- und Stahlspäne, Eisen- und Stahlgußbruch
Rohölpech

Sago und Tapioka
Samen (Sämereien) für Anbau und Futterzwecke
Schmuckfedern, roh
Schwefel
Schwefelkies
Sämtliche textile Spinnstoffe u. Rohgarne mit Ausnahme von Zolltarifnummern 399, 444, 466 und 483, aber einschließlich der Spinnereiabfälle und Polsterfasern (auch crin d'Afrique)
Stärke und Stärkemehl
Stuhlrohr (spanisches Rohr), Peddigrohr und anderes edles Rohr, z. B. Bambus-, Rebhühner- und Zuckerrohr
Südfrüchte, frische, nämlich Apfelsinen, Pomeranzen, Mandarinen, Ananas, Bananen, Zitronen, Weintrauben, Kokosnüsse
Südfrüchte, getrocknete, nämlich Datteln, Feigen, Korinthen, Mandeln, Rosinen
Tabakblätter, unbearbeitet oder nur fermentiert (Rohtabak)
Tabakkarotten
Tabaklaugen
Tabakrippen und -stengel
Talkum
Terpentinöl
Tierische und pflanzliche Schnitz- und Formerstoffe (insbesondere Elfenbein, Schildpatt, Perlmutter, Fischbein, Horn, Knochen, Steinnuß)
Tran

Vaseline

Wachs (Bienen- und anderes Insektenwachs) sowie Pflanzenwachs, roh und zubereitet
Wasserfahrzeuge zum Verschrotten

Zink, und zwar Zink in Platten oder Barren gegossen sowie Altzink und Zink als Bruch oder in Abfällen
Zinn.

Muster 2

(§ 7 Abs. 1 Nr. 2d DurchfBest.)

Anleitung

zum Antrag auf Zulassung eines Umsatzsteuerfreilagers.

Der Antrag ist an den Reichsminister der Finanzen zu richten und geht dahin, das Lager als Lager im Sinne des § 7 Abs. 1 Nr. 2d zuzulassen. Zur Begründung sind anzuführen:

1. es handelt sich um ein inländisches Lager;
2. es handelt sich um Lagerung von zollfreien oder durch das Gesetz vom 17. August 1925 über Zolländerungen (Reichsgesetzbl. I S. 261) zollpflichtig gewordenen ausländischen Stoffen der in Anlage Ia (Freiliste 1a) bezeichneten Art;
3. der Gegenstand wird ohne Zwischenlagerung — bei seewärtiger Einfuhr ohne andere Zwischenlagerung als im Einfuhrseehafenplatze — nach dem Inlandlager gebracht;
4. die Festhaltung der ausländischen Eigenschaft des Stoffes bei der Aufnahme und während der Lagerung ist sichergestellt;
5. weder in dem Lager noch vorher findet eine Bearbeitung oder Verarbeitung im Sinne des § 11 statt;

6. die Umsätze aus dem Lager erfolgen im Großhandel;
7. (falls die Gegenstände außer auf Freiliste 1a auch auf Freiliste 1b stehen und aus dem Lager überwiegend an Großhändler umgesetzt werden): Der Antragsteller übernimmt die Verpflichtung, über jede Lieferung an einen Großhändler diesem eine Lagerbescheinigung zu erteilen.

Als Nachweis zu 1 bis 7 dient das Zeugnis des Finanzamts. Das Zeugnis hat anzugeben, wodurch sich das Finanzamt die Ueberzeugung von der Richtigkeit der Angaben des Antragstellers verschafft hat (Bescheinigung der Handelskammer, des Fachverbandes, Zollurkunden, persönlicher Augenschein). Die Verpflichtungserklärung zu 7 ist nach einem beim Finanzamt erhältlichen Wortlaut schriftlich abzugeben.

Muster 3

(§ 37 Abs. 5 DurchfBest.)

Umsatzsteueranmeldebuch 19........ Nr............................. [1])

Vergütungsantrag für Ausfuhrhändler.

An das Finanzamt in...

Anleitung.

Zur Stellung des Antrags ist ein Unternehmer berechtigt, der im Inland erworbene Gegenstände ohne eine Bearbeitung oder Verarbeitung, die über die Zwecke der Umpackung, Sortierung, Reinigung und Erhaltung oder über einen vom Reichsminister der Finanzen nach § 37 Abs. 1 DurchfBest. UStG. besonders zugelassenen Vorgang hinausgeht, in das Ausland liefert. Die Vergütung wird berechnet von .... v. H.[2]) des vereinnahmten — bei Geltendmachung des Vergütungsanspruchs nach Lieferungen: des für die erfolgten Auslandslieferungen vereinbarten — Verkaufspreises nach dem Steuersatz, der im Zeitpunkt der Vereinnahmung des Entgelts — bei Geltendmachung nach Lieferungen: im Zeitpunkt der Lieferung in das Ausland — gilt. Der Antrag ist an das für den Antragsteller zuständige Finanzamt innerhalb sechs Monaten nach Schluß des Kalendervierteljahrs zu stellen, in dem die Vereinnahmung des Entgelts — bei Geltendmachung nach Lieferungen: die Lieferung in das Ausland — erfolgt ist; jedoch steht es dem Antragsteller frei, einen kürzeren Zeitraum, mindestens aber einen Kalendermonat, zu wählen. In diesem Falle beginnt die sechsmonatige Ausschlußfrist am Ende des gewählten kürzeren Zeitraums.

---

[1]) Vom Finanzamt auszufüllen.

[2]) Zurzeit 92 v. H.

Folgende Form des Antrags erscheint zweckmäßig:

Antrag

des ....

Name (Firma) und Wohnung (Sitz) des Antragstellers

nach § 4 UStG., § 37 Abs. 5 DurchfBest.

Ich habe in der Zeit vom ....

bis .... 19 ......

a) [1]) (bei Geltendmachung des Vergütungsanspruchs nach vereinnahmten Entgelten:) für Gegenstände, die ich im Inland erworben und in das Ausland geliefert habe, vereinnahmt:

....	(Entgelte, gesondert nach der ausländischen oder nach der inländischen Währung)
....	
....	
....	

b) [1]) (bei Geltendmachung des Vergütungsanspruchs nach Lieferungen:) im Inland erworbene Gegenstände zu folgenden vereinbarten Verkaufspreisen in das Ausland geliefert:

....	(Entgelte, gesondert nach der ausländischen oder nach der inländischen Währung)
....	
....	
....	

Hierbei sind bereits die Kosten abgesetzt, die ich für Versicherung und Beförderung dem Erwerber gegenüber ohne besondere Inrechnungstellung übernommen habe. Sie betragen insgesamt .... (Entgelt in in- oder ausländischer Währung).

---

[1]) Nichtzutreffendes ist zu streichen.

Ich beantrage, mir zu vergüten[1]):

1. .... v. H. von .... v. H. von ....

....

....

2. .... v. H. von .... v. H. von ....

....

....

Zum Nachweis beziehe ich mich auf meine ordnungsmäßige kaufmännische Buchführung, wo die in Frage kommenden Beträge in ....
(Angabe der Belegstelle)
nachgewiesen sind.

Ich versichere nach bestem Wissen und Gewissen, daß ich keine Vergütung beantragt habe für Lieferungen von Gegenständen in das Ausland, die bei der Lieferung an mich nach § 2 Nr. 1 a und b (§§ 6, 7, 8 DurchfBest.) umsatzsteuerfrei waren, und daß ich keine Bearbeitung oder Verarbeitung vorgenommen habe, die über die Zwecke der Sortierung, Reinigung und Erhaltung oder über einen vom Reichsminister der Finanzen nach § 37 Abs. 1 DurchfBest. zum UStG. besonders zugelassenen Vorgang hinausgeht.

...., den .... 19.....

.... Straße / Platz Nr.

....
(Firma des Antragstellers)

....
(Unterschrift)

---

[1]) Es sind nachstehend anzugeben: das Entgelt in der tatsächlich vereinnahmten — vereinbarten — inländischen oder ausländischen Währung, der sich daraus ergebende Vergütungsbetrag in der betreffenden inländischen oder ausländischen und der entsprechende Betrag in Reichsmark. Die Umrechnung in Reichsmark geschieht nach dem vom Reichsminister der Finanzen festgesetzten Reichsmarkkurse für den Monat der Vereinnahmung -- Lieferung.

Finanzamt ....

...., den .... 19........

Festsetzung und Zahlungsanweisung.

(Vom Finanzamt auszufüllen.)

1. Die Vergütung wird auf . . . . *RM* .... Pf.,

   in Buchstaben .... *RM* .... Pf.
   festgesetzt.

2. Der Kasse zur Zahlung an den Empfangsberechtigten vorzulegen.

3. Als Beleg zum Umsatzsteueranmeldebuch.

Vermerk der Kasse:
gezahlt am ....
Einnahmebuch B
Buchstabe .... **Band** ....
lfde. Nr. ....

....
(Name des Beamten)

Muster 4
(§ 42)

Umsatzsteuerbuch
für den nach § 7 UStG. steuerfreien Zwischenhandel.

Lfde. Nr.	Handelsübliche Bezeichnung der Ware (Menge, Gewichte, Stückzahl usw.	Die Ware ist gekauft		Die Ware ist verkauft		Verkaufspreis für die Lieferung an den Abnehmer (Sp. 6)		Wie hat sich die Lieferung der Ware durch den Lieferanten des Zwischenhändlers (Sp. 4) an den Abnehmer des Zwischenhändlers (Sp. 6) abgewickelt?	In welcher Weise ist hierbei der Zwischenhändler tätig geworden?	Bezeichnung der Beweismittel zu Spalten 9 und 10	Bemerkungen
		am (Blatt des Einkaufsbuchs)	von (Name, Firma, Wohnort, Sitz)	am (Blatt des Verkaufsbuchs)	an (Name, Firma, Wohnort, Sitz)	Betrag RM	Tag der Vereinnahmung (Blatt der Kasse, des Memorials)				
1	2	3	4	5	6	7	8	9	10	11	12

III.

Ausführungsbestimmungen zum Umsatzsteuergesetz (USt.AB.).

Vom 25. Juni 1926 (RMinBl. S. 623)*).

Auf Grund des § 15 Abs. 2 Satz 2, Abs. 3, § 17 Abs. 5 und § 22 des Umsatzsteuergesetzes in der Fassung der Bekanntmachung vom 8. Mai 1926 (Reichsgesetzbl. I S. 218) sowie auf Grund des § 108 Abs. 2 der Reichsabgabenordnung vom 13. Dezember 1919 (Reichsgesetzbl. S. 1993) wird, soweit erforderlich mit Zustimmung des Reichsrats, folgendes bestimmt:

I. Sachliche Zuständigkeit.

§ 1.

(1) Die Umsatzsteuer wird von den Finanzämtern unter Aufsicht der Präsidenten der Landesfinanzämter und unter der obersten Leitung des Reichsministers der Finanzen verwaltet.

(2) Zur Verwaltung der Umsatzsteuer gehört auch die Durchführung der Steueraufsicht.

II. Örtliche Zuständigkeit der Finanzämter.

Gewerbliche Tätigkeit.

§ 2.

Bei Steuerpflichtigen, die eine gewerbliche Tätigkeit ausüben, bestimmt sich die örtliche Zuständigkeit der Finanzämter nach § 20 Abs. 1 des Gesetzes in Verbindung mit § 53 der Reichsabgabenordnung. Demnach ist das Finanzamt zuständig, in dessen Bezirk das Unternehmen betrieben wird, sofern nicht durch Ersuchen gemäß § 58 der Reichsabgabenordnung ein anderes Finanzamt zuständig wird. Wird das Unternehmen in den Bezirken mehrerer Finanzämter betrieben, so ist das Finanzamt zuständig, in dessen Bezirk der Ort der Leitung liegt. Als Ort der Leitung ist der Ort anzusehen, an dem sich der Mittelpunkt der gesamten geschäftlichen Oberleitung befindet. Bei Unternehmen, die im Inland weder eine Betriebsstätte noch einen Ort der Leitung haben, ist das Finanzamt zuständig, in dessen Bezirk der zur Empfangnahme von Schriftstücken bestellte Vertreter (§ 71 der Reichsabgabenordnung) seinen Wohnsitz oder gewöhnlichen Aufenthalt hat.

---

*) Die Muster sind nicht mit abgedruckt.

Berufliche Tätigkeit und Versteigerungen.

§ 3.

(1) Bei Steuerpflichtigen, die eine berufliche Tätigkeit ausüben, ist nach § 20 Abs. 2 des Gesetzes das Finanzamt zuständig, in dessen Bezirk der Steuerpflichtige seinen Wohnsitz oder, wenn er im Inland keinen Wohnsitz hat, seinen gewöhnlichen Aufenthalt hat, sofern nicht durch Ersuchen gemäß § 58 der Reichsabgabenordnung ein anderes Finanzamt zuständig wird. Dasselbe gilt in den Fällen des § 1 Nr. 3 des Gesetzes, wenn der Versteigerer nicht zu den im § 1 Nr. 1 des Gesetzes bezeichneten Personen gehört.

(2) § 2 Abs. 2, § 4 der Ausführungsbestimmungen zum Einkommensteuergesetze finden entsprechende Anwendung.

Liquidation.

§ 4.

Der Eintritt eines Steuerpflichtigen in Liquidation hat keine Aenderung der nach den §§ 2, 3 begründeten Zuständigkeit zur Folge. Befindet sich der Wohnsitz oder gewöhnliche Aufenthalt des Liquidators im Bezirk eines anderen Finanzamts, so geht die Zuständigkeit an dieses Finanzamt über, sofern sich die beiden Finanzämter hierüber untereinander verständigen. Kommt eine Einigung nicht zustande, so findet § 6 auf die Bestimmung der Zuständigkeit Anwendung.

Maßgebender Zeitpunkt.

§ 5.

Die Zuständigkeit des Finanzamts für die Veranlagung eines Steuerpflichtigen bestimmt sich nach dem Stande der die Zuständigkeit bedingenden Verhältnisse am Schlusse des Steuerabschnitts. Dies gilt auch, wenn sich die bezeichneten Verhältnisse nach Ablauf des Steuerabschnitts ändern. Auf Ersuchen des zuständigen Finanzamts kann jedoch das Finanzamt, das nach den veränderten Verhältnissen zuständig wäre, die Ermittlung und Festsetzung der Steuer übernehmen (§ 58 der Reichsabgabenordnung).

Positiver Zuständigkeitsstreit.

§ 6.

Ist nach den vorstehenden Bestimmungen die Zuständigkeit mehrerer Finanzämter gegeben und kommt eine Einigung nicht zustande, so bestimmt der Präsident des übergeordneten Landesfinanzamts das zuständige Finanzamt. Sind mehrere Landesfinanzämter beteiligt und kommt zwischen diesen eine Einigung nicht zustande, so bestimmt der Reichsminister der Finanzen das zuständige Finanzamt.

Negativer Zuständigkeitsstreit.

§ 7.

Läßt sich aus den vorstehenden Bestimmungen die Zuständigkeit eines bestimmten Finanzamts nicht herleiten, so bestimmt der Reichsminister der Finanzen das zuständige Finanzamt.

Handlungen eines unzuständigen Finanzamts.

§. 8.

Handlungen eines Finanzamts sind nicht deshalb unwirksam, weil das Finanzamt örtlich unzuständig war. Bestehen Zweifel über die örtliche Zuständigkeit, so hat trotzdem jedes Finanzamt zum mindesten die Handlungen vorzunehmen, mit deren Aufschub Gefahr verbunden ist. Daß ein Finanzamt örtlich unzuständig sei, kann nur bis zum Ablauf der Einspruchs- oder Beschwerdefrist geltend gemacht werden.

§ 9.

Sofern Steuerpflichtige Erklärungen vor dem Finanzamt mündlich abgeben wollen, darf das Finanzamt, in dessen Bezirk zur Zeit der Abgabe der Erklärung das Unternehmen betrieben wird oder der Steuerpflichtige seinen Wohnsitz oder gewöhnlichen Aufenthalt hat, die Entgegennahme nicht ablehnen.

III. Wirtschaftsjahr, Steuerabschnitt, Zeitpunkt der Veranlagung.

§ 10.

(1) Der für die Einkommensermittlung bei der Einkommen- oder Körperschaftsteuer maßgebende Steuerabschnitt gilt nach Maßgabe der Abs. 2 bis 4 auch für die Umsatzsteuer (§§ 20 bis 35 der Ausführungsbestimmungen zum Einkommensteuergesetz und §§ 18 bis 34 der Ausführungsbestimmungen zum Körperschaftsteuergesetze).

(2) § 26 der Ausführungsbestimmungen zum Einkommensteuergesetze gilt auch für Umsätze aus beruflicher Tätigkeit bei solchen Steuerpflichtigen, die Handelsbücher nach den Vorschriften des Handelsgesetzbuchs zu führen verpflichtet sind oder die, ohne dazu verpflichtet zu sein, Handelsbücher nach den Vorschriften des Handelsgesetzbuchs tatsächlich zu führen.

(3) Die Erklärung gemäß § 31 Abs. 2 der Ausführungsbestimmungen zum Einkommensteuergesetze gilt auch für die Umsatzsteuer; sie kann nur für beide Steuern gemeinsam abgegeben werden.

(4) Eine sofortige Veranlagung (§ 33 Abs. 2 der Ausführungsbestimmungen zum Einkommensteuergesetze, § 32 Abs. 2 der Ausführungsbestimmungen zum Körperschaftsteuergesetze) kann auch bei Abkürzung des Steuerabschnitts nach § 15 Abs. 2 Satz 2 des Gesetzes und beim Straßenhandel (§ 57 der Durchführungsbestimmungen zum Umsatzsteuergesetze) vorgenommen werden.

IV. Vorbereitung des Veranlagungsverfahrens.

1. Namentliche Feststellung der Steuerpflichtigen (Personenstands- und Betriebsaufnahme, Urliste und Meldewesen).

§ 11.

Die auf Grund von § 13, §§ 36 bis 57 der Ausführungsbestimmungen zum Einkommensteuergesetz und § 12, §§ 35 bis 51, § 58 der Ausführungsbestimmungen zum Körperschaftsteuergesetze gewonnenen Unterlagen sind auch für die Umsatzsteuer zu verwerten.

2. Abgabe von Steuererklärungen.

Verpflichtung zur Abgabe einer Steuererklärung.

§ 12.

(1) Alle Umsatzsteuerpflichtigen haben eine Steuererklärung über die Gesamtheit der vereinnahmten Entgelte nach Maßgabe des § 17 Abs. 4 des Gesetzes abzugeben.

(2) Der Reichsminister der Finanzen ist befugt, bestimmte Arten von Steuerpflichtigen sowie solche Steuerpflichtige, deren Umsätze einen bestimmten

Mindestbetrag nicht überstiegen haben, von der Abgabe der Steuererklärung zu entbinden.

(3) Die Steuererklärung ist auf Grund der öffentlichen Aufforderung (§ 23) abzugeben.

(4) Ein Steuerpflichtiger, der gleichzeitig von mehreren Finanzämtern zur Abgabe einer Steuererklärung aufgefordert wird, hat nur bei einem Finanzamt die Erklärung abzugeben und den übrigen Finanzämtern mitzuteilen, bei welchem Finanzamt er die Steuerklärung abgegeben hat.

§ 13.

§ 61 der Ausführungsbestimmungen zum Körperschaftsteuergesetze (zur Abgabe der Steuererklärung verpflichtete Personen) gilt auch für die Abgabe der Umsatzsteuererklärung.

Form der Steuererklärung.

§ 14.

(1) Die Steuererklärung ist beim Finanzamt schriftlich einzureichen oder zu Protokoll zu geben.

(2) Bei schriftlicher Einreichung der Steuererklärung ist ein Vordruck nach Muster 1 A, in einfachen Fällen nach Muster 1 B, von selbständig Berufstätigen nach Muster 1 C zu verwenden. Die Steuererklärung ist von dem Steuerpflichtigen oder von den nach § 13 zur Abgabe der Erklärung verpflichteten Personen eigenhändig zu unterschreiben. Sie muß die Versicherung enthalten, daß die Angaben nach bestem Wissen und Gewissen gemacht sind.

Anlagen zur Steuererklärung.

§ 15.

Dem Steuerpflichtigen steht es frei, die seinen Angaben in der Steuererklärung zugrunde liegenden Einzelberechnungen und andere zum Verständnis seiner Angaben dienende Erläuterungen und Zusätze in die Steuererklärung oder in eine beizufügende Anlage aufzunehmen.

Frist für die Abgabe der Steuererklärung.

§ 16.

(1) Als Zeitraum für die allgemeine Abgabe der Steuererklärungen wird festgesetzt:

a) für die Frühjahrsveranlagung (§ 17 Abs. 1 des Gesetzes) die zweite Hälfte des Monats Januar;

b) für die Herbstveranlagung (§ 17 Abs. 2 des Gesetzes) die erste Hälfte des Monats September.

(2) In einzelnen Fällen kann das Finanzamt auf Antrag die Frist verlängern. Eine nach § 77 Abs. 2 Satz 2 der Ausführungsbestimmungen zum Einkommensteuergesetz oder nach § 68 Abs. 2 Satz 1 Halbsatz 2 und Satz 2 der Ausführungsbestimmungen zum Körperschaftsteuergesetze von dem Finanzamt bewilligte Fristverlängerung gilt nicht für die Abgabe der Umsatzsteuererklärung.

(3) Bei Wegfall der Steuerpflicht oder in besonderen Fällen setzt das Finanzamt die Frist für die Abgabe der Steuerklärung fest.

Abgabe der Steuerklärung über Versteigerungen.

§ 17.

(1) Bei Versteigerungen (§ 1 Nr. 3 des Gesetzes) ist gemäß § 15 Abs. 3 und § 17 Abs. 3 des Gesetzes die Steuererklärung nach Muster 1 D vom Versteigerer innerhalb eines Monats nach jeder Versteigerung bei dem für den Versteigerer zuständigen Finanzamt unter gleichzeitiger Entrichtung der Steuer ein-

zureichen, soweit nicht Abs. 2 in Frage kommt. Wird bei Versteigerungen der Erlös nicht sofort entrichtet, so läuft die einmonatige Frist vom Tage der Zahlung oder Anzahlung ab. Die Steuererklärung hat die Gesamtheit der in der Versteigerung vereinnahmten Entgelte zu enthalten. Die Zahlungsfrist nach Satz 1 und 2 gilt auch dann, wenn die Steuererklärung nicht rechtzeitig abgegeben wird.

(2) Das Finanzamt kann gewerbsmäßigen Versteigerern auf ihren Antrag die Versteuerung nach dem für sie maßgebenden Steuerabschnitte gestatten. Das gleiche gilt für Gerichte, Notare, Gerichtsvollzieher und sonstige Versteigerungsbeamte, z. B. von staatlichen und Gemeindeforstverwaltungen, sowie für solche Steuerpflichtigen, die ordnungsmäßige Bücher führen und in den Voranmeldungen und Steuererklärungen die Umsätze aus Versteigerungen besonders kenntlich machen.

3. Aufgaben der Finanzämter.

Steueraufsicht.

§ 18.

(1) Die Prüfung steuerpflichtiger Betriebe und die Steueraufsicht über Personen, die eine gewerbliche oder berufliche Tätigkeit im Sinne des § 1 Nr. 1 des Gesetzes ausüben, kann sowohl innerhalb des Veranlagungsverfahrens als auch unabhängig davon im Laufe des Steuerabschnitts ausgeführt werden. Die systematische Prüfung der Betriebe ist nach näherer Anordnung der Präsidenten der Landesfinanzämter durchzuführen.

(2) Prüfung und Aufsicht erstrecken sich auf das gesamte Geschäftsgebahren der Steuerpflichtigen, soweit es für die Besteuerung von Bedeutung ist. Dem Ermessen des Finanzamts bleibt es dabei überlassen, ob es seinen Beauftragten vorher anmelden will. Insbesondere kommen nach Maßgabe der Reichsabgabenordnung folgende Maßnahmen in Betracht:

a) der gelegentliche Besuch der Geschäftsräume des Steuerpflichtigen zur Prüfung, ob der tatsächliche Geschäftsbetrieb mit der Anzeige über denselben übereinstimmt, die planmäßige Durchsicht der Schriftstücke des Steuerpflichtigen, die sich auf steuerpflichtige Lieferungen und sonstige Leistungen beziehen, also besonders der Geschäftsbücher und des Schriftwechsels des Steuerpflichtigen mit seinen Lieferanten und Kunden;
b) die Inanspruchnahme anderer Personen gemäß den §§ 177 bis 188 der Reichsabgabenordnung;
c) das Betreten der Geschäftsräume des Steuerpflichtigen gemäß § 198 der Reichsabgabenordnung, um entweder die Schriftstücke (zu a) einzusehen oder um nachzuprüfen, ob die Lagerbestände sich in Uebereinstimmung mit den Büchern befinden, oder um zu beobachten, ob der Steuerpflichtige im laufenden Geschäftsverkehre die Vorschriften des § 13 des Gesetzes innehält. Der Aufenthalt in den Geschäftsräumen soll sich auf die hierzu erforderliche Zeit beschränken. Das Betreten der Geschäftsräume ist ohne Einwilligung des Steuerpflichtigen nur in den üblichen Geschäftsstunden zulässig. Während des Aufenthalts in den Geschäftsräumen ist, soweit möglich, zu vermeiden, daß das Publikum auf die Vornahme der Prüfung aufmerksam wird oder eine Unterbrechung oder Störung des Geschäftsbetriebs eintritt. Der Beauftragte hat sich dem Steuerpflichtigen

oder seinem Vertreter gegenüber über seinen Auftrag durch eine mit Amtsstempel versehene Ausfertigung des ihm erteilten allgemeinen oder besonderen Auftrags auszuweisen. Im übrigen findet § 197 der Reichsabgabenordnung Anwendung.

(3) Die Erfüllung der dem Steuerpflichtigen im Abs. 2 a bis c auferlegten Pflichten kann nach näherer Bestimmung des § 202 der Reichsabgabenordnung, insbesondere durch Androhung und Festsetzung von Erzwingungsstrafen, erzwungen werden.

Sammlung von Unterlagen.

§ 19.

Zur richtigen Durchführung der Veranlagung hat das Finanzamt im Laufe des Jahres Nachrichten und Unterlagen zu sammeln, die für die Umsatzbesteuerung von Bedeutung sind. Zu diesem Zwecke sind insbesondere die amtlichen Veröffentlichungen der Registergerichte und Registerbehörden zu verfolgen; auch Adreßbücher, Fernsprechverzeichnisse, Handbücher der Aktiengesellschaften und andere Hilfsmittel sind heranzuziehen.

Feststellung der Steuerpflichtigen.

§ 20.

(1) Sämtliche Steuerpflichtige müssen ermittelt und zur Umsatzsteuer herangezogen werden. Das Finanzamt darf sich nicht mit den Ergebnissen der Personenstandsaufnahme begnügen; es hat vielmehr mit allen geeigneten Mitteln dafür zu sorgen, daß auch Steuerpflichtige, die etwa durch die Personenstands- und Betriebsaufnahme sowie durch das Meldewesen nicht bekanntgeworden sind, berücksichtigt worden. Das Finanzamt hat den Inhalt der bei ihm eingehenden Mitteilungen der Registerbehörden, Grundbuchämter, Notare und Amtsgerichte sowie anderer Finanzämter auch in den Umsatzsteuerakten der einzelnen Steuerpflichtigen zu vermerken.

(2) Umsatzsteuerpflichtig sind nicht nur Personen, die ihr Gewerbe angemeldet haben, sondern alle, die nachhaltig eine gewerbliche Tätigkeit ausüben. Diese Voraussetzung wird auch bei der großen Anzahl von Gelegenheitsgeschäftemachern gegeben sein, deren Ermittlungen und steuerliche Erfassung im besonderen Interesse aller soliden Gewerbetreibenden liegt; das gleiche gilt von Angestellten und Arbeitern, die nebenbei selbständige Geschäfte machen.

Sammlung von Veranlagungsmaterial.

§ 21.

(1) Das Finanzamt soll nach näherer Anweisung des Präsidenten des Landesfinanzamts für die Veranlagung wesentliche Unterlagen, insbesondere die für die wichtigsten Warenarten geltenden Einkaufspreise, die Unterschiede zwischen Anschaffungs- oder Herstellungspreisen und Verkaufspreisen, die Höhe der allgemeinen Geschäftsunkosten usw. ermitteln. In ländlichen Bezirken soll es Nachrichten über die Ergebnisse der Ernten, über die Durchschnittsmengenerträge, über Preise der landwirtschaftlichen Erzeugnisse, insbesondere auch über Viehpreise, sammeln.

(2) Die Erfahrungen, die bei der Veranlagung und bei Buchprüfungen gemacht werden, sind in geeigneter Weise festzuhalten und bei künftigen Veranlagungen zu verwerten.

Zuziehung von Vertrauenspersonen und Sachverständigen. Beteiligung der Gemeinden.

§ 22.

(1) Vor der Veranlagung sind Unterlagen für die Ermittlung des Umsatzes und für die Anwendung von Durchschnittssätzen für die Umsätze oder für die Ermittlungsgrundlagen der Umsätze im einzelnen Falle, insbesondere auch durch Anhörung von Sachverständigen und anderen geeigneten Vertrauenspersonen (z. B. einzelnen Steuerausschußmitgliedern, Angehörigen der Berufsvertretungen und -verbände), zu beschaffen. Die Vertreter der für den Steuerpflichtigen zuständigen Gemeindebehörde sollen hierbei gehört werden (§ 23a der Reichsabgabenordnung). Die Anhörung der Vertreter der Gemeindebehörde soll in einer Vorbesprechung stattfinden, wenn dies zweckmäßig erscheint oder wo die Gemeindebehörde dies wünscht.

(2) Der Vorläufige Reichswirtschaftsrat hat in seinem Gutachten über den Gesetzentwurf von 1921, betreffend Abänderung des Umsatzsteuergesetzes vom 24. Dezember 1919, ausgeführt, daß er in der tätigen Mitarbeit aller Organe des Wirtschaftslebens, insbesondere der wirtschaftlichen Verbände, ein Hauptmittel für die Verbesserung der Erfassung der Steuer sieht.

Oeffentliche Aufforderung über Abgabe von Steuererklärungen.

§ 23.

Vor Beginn der allgemeinen Frist für die Abgabe der Steuererklärungen hat das Finanzamt die Steuerpflichtigen durch amtliche Bekanntmachung nach Muster 2 zur Abgabe der Steuererklärungen aufzufordern. Die Bekanntmachung ist in ortsüblicher Weise zu veröffentlichen; sie ist grundsätzlich vom Finanzamt zu erlassen; in geeigneten Fällen kann sie vom Präsidenten des Landesfinanzamts oder von mehreren Finanzämtern gemeinsam erlassen werden.

Zusendung von Vordrucken für die Steuerklärungen.

§ 24.

(1) Gleichzeitig mit der öffentlichen Aufforderung soll allen Steuerpflichtigen, die nicht von der Abgabe einer Steuererklärung entbunden sind (§ 12 Abs. 2), ein Vordruck zur Steuererklärung zugesandt werden.

(2) Das Finanzamt kann ferner Steuerpflichtige, die nach § 12 Abs. 2 nicht auf Grund der öffentlichen Aufforderung zur Abgabe einer Steuererklärung verpflichtet sind, zur Abgabe einer Steuererklärung innerhalb einer Frist von mindestens zwei Wochen besonders auffordern, sofern das Finanzamt die Abgabe einer Steuererklärung zur Aufklärung der Umsatzverhältnisse des Pflichtigen für erforderlich erachtet.

(3) Die Zusendung eines Vordrucks gilt als besondere Aufforderung. Sie kann formlos durch die Post oder durch Vermittlung der Gemeindebehörde erfolgen. Das Finanzamt hat dafür Sorge zu tragen, daß die Steuerpflichtigen während der Erklärungsfrist Vordrucke beim Finanzamt, im Falle eines Bedürfnisses auch bei anderen näher zu bezeichnenden Stellen in Empfang nehmen können.

(4) Auf Antrag sind dem Steuerpflichtigen zwei Vordrucke unentgeltlich, weitere Vordrucke gegen Erstattung der Kosten abzugeben. In geeigneten Fällen kann das Finanzamt dem Steuerpflichtigen auch ohne Antrag sofort zwei Vordrucke zusenden.

§ 25.

Der Reichsminister der Finanzen kann anordnen,

a) daß die öffentliche Aufforderung zur Abgabe der Umsatzsteuererklärung mit der Aufforderung zur Abgabe anderer Steuererklärungen für Einkommensteuer, Vermögensteuer usw. verbunden wird,

b) daß Erklärungen für mehrere Steuern gemeinsam abgegeben werden.

Überwachung des Eingangs der Steuererklärungen. Besondere Aufforderung.

§ 26.

(1) Der rechtzeitige Eingang der Erklärungen ist an Hand der Urliste oder einer anderen Liste zu überwachen.

(2) Geht die Steuererklärung eines Steuerpflichtigen, der nach Ansicht des Finanzamts zur Abgabe einer Steuererklärung auf Grund der öffentlichen Aufforderung verpflichtet oder der hierzu besonders aufgefordert ist, nicht fristgemäß ein, so kann das Finanzamt dem Steuerpflichtigen eine nochmalige besondere Aufforderung unter angemessener Fristsetzung und Androhung einer Geldstrafe nach Anleitung des Musters 3 zusenden. Nach Ablauf der Frist kann die angedrohte Geldstrafe festgesetzt werden. Die Aufforderung kann so lange wiederholt werden, bis der Steuerpflichtige die geforderte Erklärung abgibt.

(3) Das Finanzamt kann von einer weiteren Aufforderung absehen und die Veranlagung auf Grund einer Schätzung vornehmen.

Mündliche Abgabe von Steuererklärungen.

§ 27.

(1) Wird die Steuererklärung mündlich vor dem Finanzamt abgegeben, so ist sie von dem die Erklärung entgegennehmenden Beamten des Finanzamts in den Vordruck einzutragen, der erklärenden Person vorzulesen und von dieser zu unterzeichnen. Der Beamte hat auf die Steuererklärung einen besonderen Aufnahmevermerk zu setzen und diesen zu unterschreiben.

(2) Wenn Steuerpflichtige ihre Erklärung mündlich vor dem Finanzamt abgeben oder abgeben lassen, so ist darauf zu achten, daß alle Angaben möglichst vollständig gemacht und aufgenommen werden, um nach Möglichkeit spätere Beanstandungen zu vermeiden. Es ist daher grundsätzlich bei der Aufnahme der Inhalt der Vorakten zu berücksichtigen. Erläuternde Angaben sind nötigenfalls auf Anlageblättern zu machen.

(3) Gibt die erklärende Person zu einzelnen Fragen der Steuererklärung keine oder ungenügende Antworten, so ist dies auf einem besonderen Blatte, das der Steuererklärung beizufügen ist, zu vermerken.

V. Hauptveranlagung.

Zu veranlagende Entgelte.

§ 28.

Zur Umsatzsteuer werden die gesamten im Laufe eines Steuerabschnitts vereinnahmten Entgelte oder im Falle des § 9 des Gesetzes die für die Lieferungen im Steuerabschnitte vereinnahmten Entgelte des Steuerpflichtigen veranlagt.

Prüfung der Unterlagen.

§ 29.

Das Finanzamt prüft die eingegangenen Erklärungen nach Form und Inhalt.

§ 30.

Erklärungen, bei denen in formeller Hinsicht wesentliche Vorschriften nicht beachtet sind, z. B. die Unterschrift fehlt, gelten nicht als Erklärungen im Sinne des Gesetzes. Der Steuerpflichtige ist auf den Mangel hinzuweisen und aufzufordern, innerhalb einer angemessenen Frist den Mangel zu beseitigen oder eine ordnungsmäßige Erklärung abzugeben. Die Bestimmungen des § 26 Abs. 2, 3 finden Anwendung.

Beanstandungsverfahren.

§ 31.

(1) Werden Angaben der Erklärung beanstandet (Muster 4), so sind die beanstandeten Punkte aktenkundig zu machen. Dem Steuerpflichtigen ist für die Antwort auf die Beanstandung eine angemessene Frist zu setzen.

(2) Kleinliche Beanstandungen, insbesondere solche, deren Ergebnis voraussichtlich nicht in angemessenem Verhältnis zu der hierfür aufgewendeten Arbeit und den Kosten steht, sind zu vermeiden.

Grundlage der Veranlagung.

§ 32.

(1) Hat ein zu veranlagender Steuerpflichtiger eine Steuererklärung abgegeben, so bilden die Steuererklärung und ihre etwaigen Ergänzungen den Ausgangspunkt für die Veranlagung. Dies gilt auch dann, wenn die Erklärung nicht fristgemäß, aber vor Festsetzung der Steuer dem Finanzamt zugegangen ist.

(2) Hat ein zu veranlagender Steuerpflichtiger eine Steuererklärung nicht abgegeben, so bilden die Ergebnisse der Ermittlungen, insbesondere auch der gutachtlichen Aeußerungen der nach § 22 hinzugezogenen Personen, die Grundlage für die Veranlagung.

(3) In jedem Falle hat das Finanzamt das gesamte vorhandene Material, insbesondere abgegebene Erklärungen (Vermögenserklärungen, Einkommensteuererklärungen), die Ergebnisse früherer Veranlagungen sowie alle Tatsachen, die dem Finanzamt durch Sachverständige und Vertrauenspersonen oder auf Grund eigener Kenntnis der Verhältnisse des Steuerpflichtigen bekannt geworden sind, zu berücksichtigen.

Berechnungsbogen.

§ 33.

(1) Nach Abschluß der Ermittlungen stellt das Finanzamt für jeden Steuerpflichtigen einen Berechnungsbogen nach Muster 5 auf.

(2) Ein Berechnungsbogen ist auch bei den Steuerpflichtigen aufzustellen, denen ein Steuerbescheid nicht bekanntgegeben wird (§ 18 Abs. 1 Satz 2 des Gesetzes, § 34 Abs. 1 Satz 2 dieser Bestimmungen).

Steuerbescheid.

§ 34.

(1) Wird auf Grund der Veranlagung eine Steuer festgesetzt, so erteilt das Finanzamt dem Steuerpflichtigen einen schriftlichen Bescheid nach Muster 6. An Stelle des Bescheids genügt eine Mitteilung an die Kasse und an den Steuerpflichtigen (§ 18 Abs. 1 Satz 2 des Gesetzes), wenn sich die Steuerschuld für den Steuerabschnitt mit den Voranmeldungen und festgesetzten Vorauszahlungen deckt.

(2) Wird eine Steuer nicht festgesetzt, so ist die Freistellung dem Steuerpflichtigen mitzuteilen, wenn er es beantragt oder wenn er für den maßgebenden Steuerabschnitt eine Steuererklärung abgegeben oder Vorauszahlungen geleistet

hat. Die Mitteilung kann mit der Erstattung der Vorauszahlungen oder mit einer Nachricht über die Verrechnung der geleisteten Vorauszahlungen für andere Steuern durch die Kasse verbunden werden.

Keine Steuerfestsetzungen bei Kleinbeträgen.

§ 35.

Die Festsetzung der Steuern kann nach näherer Anordnung des Präsidenten des Landesfinanzamts unterbleiben, wenn die Steuerschuld für den Steuerabschnitt voraussichtlich 5 Reichsmark nicht überschreitet oder die Kosten der Festsetzung und Einziehung außer Verhältnis zu dem einzuziehenden Betrage stehen (vgl. wegen der Voranmeldungen aber § 37 Abs. 2 Satz 2).

Aenderung der Steuerfestsetzung.

§ 36.

Wird die Steuerfestsetzung durch eine Rechtsmittelentscheidung oder andere Verfügung geändert und geht aus dieser die neue Steuerschuld nicht unmittelbar hervor, so hat das Finanzamt die Höhe der neuen Steuerschuld durch eine entsprechende Verfügung festzusetzen. Dies gilt auch für etwaige Zuschläge nach § 170 Abs. 2 der Reichsabgabenordnung.

VI. Voranmeldungen, Vorauszahlungen und Erstattungen.

1. Voranmeldungen und Vorauszahlungen.

Voranmeldungen und Vorauszahlungen.

§ 37.

(1) Die Voranmeldungen gemäß § 19 Abs. 1 und 2 des Gesetzes sind nach Muster 7 abzugeben; bei der Aufforderung zur Abgabe der Voranmeldungen und zur Entrichtung der Vorauszahlungen ist Muster 8 zu verwenden

(2) Die Verpflichtung zur Abgabe der Voranmeldung besteht grundsätzlich auch dann, wenn der Steuerpflichtige seine Umsätze für steuerfrei hält. Voranmeldungen und Vorauszahlungen sind nicht erforderlich, soweit der Steuerbetrag in dem Kalendervierteljahr, auf das sich die Voranmeldung bezieht, 2 Reichsmark nicht übersteigt (wegen Festsetzung der Steuerschuld für den Steuerabschnitt vgl. aber § 35).

(3) Bei der Festsetzung von Vorauszahlungen gemäß § 19 Abs. 3 des Gesetzes ist Muster 9 zu verwenden.

2. Erstattung.

Erstattung.

§ 38.

Sind für einen Steuerabschnitt die geleisteten Vorauszahlungen höher als die festgesetzte Steuerschuld, so ist dem Steuerpflichtigen der Unterschiedsbetrag zwischen den geleisteten Vorauszahlungen und der Steuerschuld zu erstatten (vgl. Muster 6). Die Erstattung kann sofort nach der Veranlagung erfolgen, es sei denn, daß der Vorsteher des Finanzamts gegen die Veranlagung ein Rechtsmittel eingelegt hat. Ein Rechtsanspruch des Steuerpflichtigen auf Erstattung von Vorauszahlungen besteht erst, wenn die Veranlagung unanfechtbar geworden ist.

VII. Uebergangs- und Schlußbestimmungen.

§ 39.

(1) Die §§ 1 bis 10, 12 bis 17, 23 bis 27 finden erstmalig Anwendung auf Veranlagungen für Steuerabschnitte, die nach dem 31. Dezember 1925 enden. Die übrigen Bestimmungen gelten, soweit nicht abweichende Bestimmungen erlassen sind oder auf Grund des Abs. 2 erlassen werden, vom Zeitpunkt ihres Inkrafttretens an.

(2) Der Reichsminister der Finanzen kann für die im Kalenderjahre 1926 vorzunehmenden Veranlagungen die erforderlichen Uebergangsbestimmungen treffen.

§ 40.

Der Reichsminister der Finanzen und mit seiner Ermächtigung die Präsidenten der Landesfinanzämter können — insbesondere zur Vereinfachung — Abweichungen von den in diesen Ausführungsbestimmungen vorgesehenen Mustern sowie neue Muster für Vordrucke anordnen.

Berlin, den 25. Juni 1926.

Der Reichsminister der Finanzen.

In Vertretung

Popitz.

Sachregister.

(Die Zahlen bezeichnen die Seiten.)